COLLECTION A 1 FRANC.

REINE

PAR

Mme LA Ctesse R. DE LA TOUR DU PIN.

PARIS
P.-M. LAROCHE, LIBRAIRE-GÉRANT,
Rue Bonaparte, 66,

LEIPZIG
L. A. KITTLER, COMMISSIONNAIRE,
Querstrasse, 34

H. CASTERMAN
TOURNAI.

Les Romans honnêtes.

REINE. — EL KAHINA.

No 62.

COLLECTION A 1 FRANC.

1. Un Voyage de Noces, ou Luther et sa fiancée, par de Bolanden.
2. Le Chateau de Wildenborg, par de St-Genois.
3. Margherita Pusterla, par César Cantu.
4. Raynaldo et Sélima, par Mélanie Van Biervliet.
5. Robert, épisode de l'année 1848.
6. La Femme du Sous-Préfet, par la Bne de Chabannes.
7. Scènes villageoises par Cremer.
8. L'Esprit frappeur, par Brownson.
9. Le Chapelain de la Rovella, par G. Carcano.
10. L'Esclave, par la comtesse Drohojowska.
11. Sous le Chaume, par Mme la comtesse R. de la Tour du Pin.
12. Jean l'Ivoirier, par R. de Navery.
13. Philippe Raimbaut, par Roux-Ferrand.
14. Pauvre Jacques, par Mary.
15. L'Ambition de Tracy, par le vicomte de Maricourt.
16. Fanchonnette, par L. Pichard.
17. Janine, par Roux-Ferrand.
18. L'Esprit du Chateau de Xhenemont, par Christian.
19. Le Manuscrit du Vicaire, par J. de Tournefort.
20. Lucy. — Treche, par Mme Marie Emery.
21. La Maison maudite, par C. Guenot.
22. La Famille Molanli, par le vicomte de la Morre.
23. Nouvelles historiques de l'ancienne Flandre, par E. de Borchgrave.
24. Les Empoisonneurs, par C. Guenot.
25. La Zingara calabraise, par le vicomte de Maricourt.
26. Deux Intérieurs, par la Bne de Chabannes.
27. Simples Récits, par Aymé Cécyl.
28. L'Anneau impérial, par Pierre Bion.
29. Luisa et Mercédès, par Escudero.
30. Six Nouvelles, par le comte César Balbo.
31. Les Chemins verts, par A. de Lasthénie.
32. La Ligne droite, par Urbain Didier.
33. Une Nuit en chemin de fer, par A. Desves.
34. Les Héritages, par Roux-Ferrand.
35. Gabrielle, par Pauline l'Olivier.
36. Roses et Soucis, par Mlle V. Nottret.
37. Un Mariage en 93, par Thil-Lorrain.
38. L'Enfant prodigue, par Raoul de Navery.
39. Contes d'Automne, par Michel Auvray.
40. Florien ou l'enfant du siècle, par Michel.
41. Dans la Campine, par Aug. Snieders.
42. La Feuille de trèfle, par Alfred d'Aveline.
43. Les Jeunes filles, par Aymé Cécyl.
44. Trois mois au chateau, par Marie Emery
45. Aux Champs, par Urbain Didier.
46. Blanche de Montlhéry, par C. Guenot
47. La Fille de l'Amiral, par Sevestre.
48. Deux Ménages, par Roux-Ferrand.
49. Penserosa, par A. de Lasthénie.
50. Les Quatre Missions, par Mme la baronne A. Avignon de Norew.
51. Régine, ou la Perle des grèves, par H. du Castel.
52. Nélida, ou les Guerres canadiennes (1812-1814), par Thil-Lorrain.
53. Scènes et Récits, par l'auteur de Robert.
54. Les Gémeaux, par Amory de Langerack
55. Le Roman d'une Cloche, par De Rouvaire.
56. Fulla l'Égyptienne, par Ch. Moreau.
57. Amour et Larmes, par Mary.
58. Une Saison a Spa, par Marie Emery.
59. Le Rocher de Sisyphe, par M. Auvray.
60. Napoléon Ier dans sa vie intime, par le Vicomte de Maricourt.
61. La Reine de Mai, par Ecrevisse.
62. Reine, par Madame la Comtesse R. de la Tour du Pin.

Cette Collection s'augmentera de volumes nouveaux.

REINE

PAR MADAME

La Comtesse R. DE LA TOUR DU PIN,

Auteur de « Sous le Chaume. »

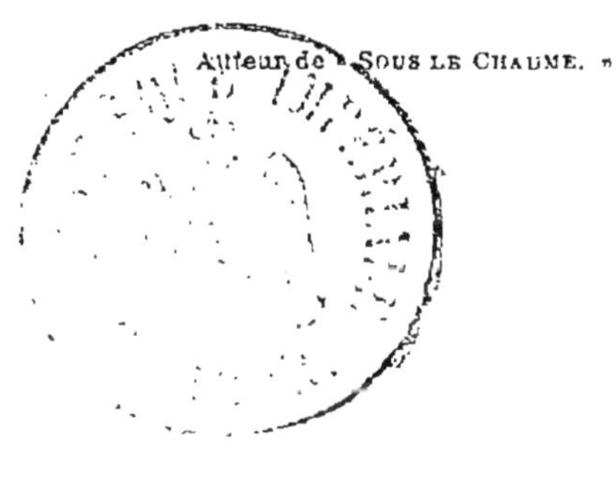

PARIS
P.-M. LAROCHE, LIBRAIRE-GÉRANT,
Rue Bonaparte, 66.

LEIPZIG
L. A. KITTLER, COMMISSIONNAIRE,
Querstrasse, 34.

H. CASTERMAN
TOURNAI
1868

REINE.

REINE.

I

LA MÈRE RADIS.

Drelin... drelin din din...

— A la fraiche, qui veut boire?... Jarni, qu'il fait chaud par cette canicule!

Et une main mignonne, bien que d'un rose un peu vif, armée d'une feuille de papier blanc, plissée en forme d'éventail, agitait un peu d'air autour du plus frais, du plus mutin, du plus joli minois qui fût au monde.

— Ouf!... Voilà pourtant que la manœuvre est finie!

Et de nouveau la sonnette: Drelin... drelin din din!...

— Venez, venez, mes braves troupiers, désaltérer vos pauvres gosiers tout secs! J'ai là du vrai coco... et du bon!... Ça vaut mieux que votre trois-six, allez!... D'abord, ça ne coûte pas si cher, et puis ça ne vous ouvrira pas la salle de police. Arrivez... arrivez donc!... Avancez, les conscrits; *y en* a pour tout le monde qu'est sage et tempérant... Pauvres enfants! fischtre! avaient-ils soif!... Allons, mon officier, ne soyez pas si fier; à votre tour de vous rafraichir; on a aussi de la limonade à la glace... là... dans un côté de ma fontaine... C'est que je l'ai sucrée avec du sucre qui n'est pas de la *castonnade*, da!... N'est-ce pas qu'elle est fameuse?... C'est bon!... c'est bon que je vous dis!... assez causé comme ça... buvez, payez, et passez votre chemin... J'ai bien le temps d'écouter vos sornettes!

Quelle est celle d'entre nous qui, ayant eu un mari, un fils ou un frère dans la garde royale, ne lui ait entendu raconter les faits et gestes de la *célèbre mère Radis*, la cantinière par excellence, un excentrique personnage, en vérité? Moi, qui ose exhumer ici sa mémoire, je l'ai vue!... oui, bien vue!... On me l'a montrée un jour où, dans la plaine de Grenelle, j'assistais avec un de mes fils à une bataille simulée. De ma calèche arrêtée non loin du théâtre où se livraient d'innocents combats, j'ai pu tout à mon aise examiner cette créature si gravement burlesque.

Représentez-vous un grand corps de femme, une femme maigre, sèche, aussi droite qu'un jonc malgré ses quatre-vingt-deux ans, ridée comme les trois Parques, blême comme une des sorcières de Macbeth, aussi basanée que si elle arrivait tout récemment de la campagne d'Egypte, que d'ailleurs, elle avait bien pu faire avec les vivandières de l'armée républicaine; car la vieille pourvoyeuse des haltes et des bivouacs avait suivi les armées dans presque toutes les guerres de 1792 à 1815; elle s'était même trouvée à la sinistre retraite de Moscou. Le retour de la branche aînée des Bourbons l'avait faite royaliste et dévote.

N'allez pas croire que la mère Radis se fût enrichie dans cette vie de périls et d'aventures; pauvre elle était partie, pauvre elle était revenue. Et, pourtant, le champ de bataille lui avait réservé un trésor, un trésor inappréciable dans sa position... un ami qui devait désormais partager les dernières vicissitudes de son existence. Cet ami... c'était un malheureux âne, abandonné dans les bois de Champaubert, et qu'elle avait recueilli autant par commisération, que dans l'espoir qu'il lui rendrait quelques services.

Cascaret (c'est ainsi qu'elle l'avait nommé)[1], posséda bientôt toute sa tendresse et toute sa confiance. Pendant les saisons de printemps, d'été et d'automne, elle et son inséparable compagnon habitaient constamment le Champ-de-Mars; le jour, elle vendait aux soldats eau-de-vie, tartelettes, fruits et légumes, sans compter le sucre d'orge, pour les enfants de troupe. La nuit, elle n'avait d'autre abri que le dessous du ventre de son âne, qui lui servait de toit, et sous lequel la vigilante cantinière goûtait un sommeil aussi doux, et plus calme peut-être, que si elle avait été couchée dans un lit moelleux, sous une courtine de satin et sous les plis retombant du damas épais. Mais dès que le son métallique de la trompette et le roulement du tambour retentissaient dans les airs, la mère Radis, *debout* et à *l'ordre*, attendait que ses chers grenadiers se répandissent dans la plaine où déjà ses provisions, renouvelées de la veille, s'étalaient dans leur appétissante provocation.

Tous les matins, on entendait la mère Radis réciter ses prières sous son âne, qui couvrait parfois de ses chants affamés les chevrottements de la pieuse cantinière.

— Taisez-vous, Cascaret! s'écriait-elle alors en assaisonnant son injonction d'un vigoureux coup de fouet et d'éloquentes paroles à la façon de Ververt, que dans son indignation, elle mêlait à ses *Pater* et à ses *Ave;* puis se repentant aussitôt, elle faisait un acte de contrition et donnait une poignée de frais chardons au pauvre Cascaret.

Chaque fois qu'une cérémonie religieuse avait lieu dans un régiment, elle y assistait comme partie intégrante de l'armée royale.

Venait-on à baptiser un enfant de troupe? Elle se trou-

(1) Historique.

vait toujours la première aux fonts baptismaux, ne manquant point, au moment solennel de renoncer, pour le nouveau chrétien, à Satan, à ses pompes........ et à ses œuvres, ajoutait-elle avec un profond soupir. Aux enterrements des officiers, elle arrivait, grave et majestueuse, débitant tout ce qu'elle savait de prières pour le repos des âmes.

Se faisait-il une réception de chevaliers de Saint-Louis ou de la Légion-d'Honneur? alors la *mère Radis*, agenouillée dans le Champ-de-Mars, en face du récipiendaire, s'écriait de toute la force de ses poumons:

— Au nom du Père et du Fils et du Saint-Esprit. Amen!....

Et du pont d'Iéna l'on entendait retentir cet *Amen*. Puis elle se dressait droite comme un cierge, et quand le nouveau chevalier prononçait son serment, elle levait les mains comme si elle eût dû répondre de sa fidélité devant Dieu et devant les hommes..... Pauvre mère Radis!....

Un jour que le roi Charles X passait une revue de sa garde, la respectueuse cantinière se tenait sur son passage, la main au bonnet, selon l'usage militaire. Le roi, l'ayant aperçue, lui fit un de ses gracieux sourires et lui dit de sa douce voix:

— Bonjour, mère Radis[1]!

Alors, ne se sentant pas de joie, elle monta sur son âne et se mit à galopper (sans doute pour la première et la dernière fois) tout à l'entour du Champ-de-Mars. Elle se crut désormais un personnage historique devant passer à la postérité. *Le roi était devenu son cousin!*

Hélas! la mère Radis a disparu pendant les tourmentes politiques. Le sort de Cascaret, son digne compagnon, est resté inconnu; on avait eu la cruauté de lui enlever ce soutien de sa vieillesse, qu'elle a pleuré tant qu'elle a vécu. La

(1) Historique.

bonne cantinière nous a laissé non-seulement sa glorieuse mémoire ; mais encore une intéressante jeune fille, mademoiselle Reine Lebeau, la petite marchande de coco, que nous avons mise en scène au début de cette histoire, et qui, fière de son aïeule, s'en entretenait souvent avec les vieux soldats qui l'avaient connue.

Nous ne pourrions faire remonter bien haut la généalogie de Mlle Reine, la *gentille Hébé* du Champ-de-Mars ou de la plaine Satory. Soit que son grand-père se fût noyé parmi les héros inconnus au passage de la Bérésina, soit qu'il eût été gelé dans les steppes de la Russie, nul survivant n'avait même soupçonné l'existence du mari de la vieille cantinière.

Quant à Reine, et à Lucien, son frère, ils étaient enfants de madame Lebeau, fille unique de la mère Radis, et femme d'un valeureux soldat borgne, manchot, boiteux et décoré, mort aux Invalides en 1843. Il était veuf depuis moins d'une année.

Les deux orphelins, en bas-âge, furent généreusement adoptés par une marchande de coco, leur parente et leur voisine. Moyennant ses gains modiques et quelques secours qu'elle recevait pour les pauvres enfants, elle les avait élevés avec un soin tout maternel et une conscience délicate. De bonne heure, Lucien fut mis en apprentissage chez un menuisier, et la marchande garda la petite orpheline.

Malheureusement, la mort leur enleva trop vite cette digne femme ! Elle mourut, léguant à Reine sa fontaine, sa sonnette et ses deux gobelets d'argent ; le tout net et brillant comme la cuirasse d'un carabinier. De plus, elle laissait quelques fonds amassés dans son modeste commerce et que les deux orphelins devaient partager également. Mais le plus bel héritage recueilli par sa fille adoptive était une probité et une sagesse à toute épreuve.

Dès que Lucien eut terminé son apprentissage et satisfait au sort qui lui avait été favorable, il résolut, poussé par l'espoir d'un gain supérieur, d'aller en Californie, accompagné de jeunes ouvriers comme lui possédés du désir de faire fortune.

Malgré les instantes prières de sa sœur pour le retenir auprès d'elle, Lucien fut inflexible dans son projet et le mit bientôt à exécution. Il ne voulut point partager avec Reine le mince héritage qui leur était si providentiellement advenu, et ce ne fut qu'à force de sollicitations qu'il consentit, pour ne pas désobliger Reine, à garder une très-faible somme.

L'aventureux ouvrier avait ses desseins secrets.

— Sois raisonnable, et embrasse-moi, petite sœur, lui dit-il le jour même de son départ qu'il lui avait tenu caché; ne pleure donc pas si fort, tu affaiblirais mon courage. Ecoute; je veux, comme tant d'autres, faire ma fortune, et j'ai l'idée que j'y réussirai. Tu ne voudrais pas empêcher mon avenir, n'est-ce pas? Si j'ai la chance, tu ne t'en repentiras point, sois-en sûre.

Reine, que l'appât des richesses ne pouvait ni tenter ni consoler, voyait avec un cœur brisé s'éloigner le compagnon de son enfance, celui auquel se rattachait le seul lien qui lui restât sur la terre, et songeant qu'elle allait rester sans appui, sans protecteur, ses larmes coulaient en abondance et bien amères.

Pourtant, à force de lui répéter que sa destinée à lui était dans ce voyage, Lucien réussit sinon à la convaincre, du moins à la rendre un peu plus résignée.

— Puisque c'est la volonté de Dieu et la tienne que tu me quittes, dit-elle en retenant ses pleurs, il faut bien que je m'y conforme.

— D'ailleurs, Reine, ce ne sera qu'un temps à passer, et ça passe si vite le temps!... Adieu, sœur, je n'ai pas besoin de te recommander d'être toujours probe comme feu notre grand'mère, et sage comme notre pauvre mère, sans oublier les conseils de celle qui l'a remplacée et qui nous a élevés dans ces bons principes.

— Ah! Dieu du ciel, j'y pense toujours à notre bienfaitrice, j'espère qu'elle est récompensée de sa bonne action. Dis donc, Lucien, tâche à revenir bientôt de ce malheureux pays qu'est si loin qu'on aurait quasi le temps de se marier et d'être veuve avant que tu n'y sois tant seulement arrivé. Va! malgré tout son or, je la déteste ta Californie.

II

LA PETITE MARCHANDE DE COCO.

Environ quinze mois après son départ, Lucien mandait à sa sœur que sa santé était excellente, qu'il ne manquait pas d'ouvrage, mais qu'il avait beau être payé à des prix énormes, la vie était si chère que la plus grande portion de ses gains s'en trouvait absorbée.

— C'était bien la peine d'aller si loin pour n'être pas plus heureux, murmurait la jeune fille en haussant les épaules.

L'année suivante, elle reçut une seconde lettre qui contenait ce qui suit :

« J'ai quitté décidément l'état, ma petite sœur, en fin de compte, je ne gagnais presque plus rien, vu, comme je te l'ai déjà dit, la cherté des vivres, des logements, etc., etc., etc. Je me suis donc joint aux chercheurs d'or : tant mieux si j'ai bonne chance ; je reviendrai au pays aussi riche qu'un Crésus... »

— Allons à présent, voilà que Lucien s'est mis en accointance avec un tas de vauriens peut-être. Mon Dieu ! s'il allait se perdre par amour des richesses !... Quand on a le pain de chaque jour, cela ne suffit-il pas?... Vive ma petite fontaine de coco, ma fine sonnette, et ces bons enfants qui me paient joliment bien! Et monsieur Valentin donc, qu'a l'air si timide avec moi... et pourtant qui est un lion à la guerre, suivant ce qu'on me dit. C'est qu'il est si honnête monsieur Valentin Brice, qu'il ne me disait pas plus haut que mon nom, encore qu'il le prononce avec tout plein de respect. Ce n'est pas comme *c' t'épaulette* qui me corne aux oreilles un tas de bêtises. A quoi ça peut-il lui servir qu'une marchande de coco ait le nez bien fait? Est-ce que Reine Lebeau peut jamais épouser un lieutenant?... Ils ne sont point faits l'un pour l'autre, c'est entendu.

C'était à ce même officier, que Reine avait dit, du ton le plus résolu :

— Buvez, payez, et passez votre chemin.

Elle avait bien pensé que cette manière d'accueillir ses sornettes devait suffire pour les lui interdire désormais. D'ailleurs, c'était la première fois qu'elle le voyait, et dans cette très-courte relation, se disait-elle, il a bien dû se convaincre qu'il s'adressait à qui ne voulait pas l'entendre.

Mais la franche jeune fille se trompait ; depuis que l'officier l'avait remarquée, il ne cessait de rôder autour d'elle, de lui parler, récidivant ses libations de limonade comme s'il eût voulu se donner la question ordinaire et extraordinaire. Se faisait-il un repos dans la manœuvre, il accourait auprès de la marchande de coco, et à lui seul tarissait presque tout le breuvage glacé, sucré et parfumé de la claire fontaine. Reine feignit de ne point apercevoir ce manége dont elle était d'abord plus amusée qu'inquiète ; car pour éconduire l'altéré, la petite espiègle manœuvrait aussi de son côté en lui jouant je ne sais combien de méchants tours. Tantôt elle lui versait d'énormes rasades d'eau d'écorce de citron sans sucre ; il buvait et ne se plaignait pas ; tantôt, pour varier, elle y substituait une amertume plus désagréable encore ; il buvait toujours et ne se plaignait jamais. Une autre fois, elle rinçait l'un de ses gobelets avec une feinte maladresse, et de ses petits doigts, elle éclaboussait très-adroitement et l'uniforme et les épaulettes : le jeune homme n'en tenait pas compte.

Enfin, à bout de ruses, et voyant qu'elle ne faisait que piquer au jeu cet importun obstiné, la marchande de coco, un beau matin, abandonna provisoirement le Champ-de-Mars pour Versailles ; là, elle continua son innocent commerce au champ de manœuvre des plaines Satory, ou dans le parc, sur le tapis vert, les jours de musique, et quand jouaient les grandes eaux.

Partout remarquée pour sa gentillesse et sa vivacité d'oiseau joyeux, Reine avait un grand débit, surtout dans cette belle et chaude saison qui pousse la foule parisienne vers les frais bosquets de Versailles. Comme elle vendait aussi des *plaisirs* aux petits enfants, ses recettes dépassaient même celles qu'elle faisait ordinairement à Paris. Quand on l'entendait chanter d'une voix claire et timbrée :

— Régalez-vous, messieurs, mesdames, voilà le *plaisir !*

Chacun s'empressait d'appeler la jolie marchande et comme tout le monde la réclamait, Reine ne sachant à qui répondre, franchissait, légère comme une sylphide, les bancs, les chaises, tous les obstacles ; puis elle s'écriait avec une gaité mutine :

— Mon Dieu! mon Dieu! Voyez pourtant ce que c'est que le succès !.... Faut-il pas risquer bras et jambes pour l'atteindre !....

En une seconde les *plaisirs* se trouvaient distribués.

Le lieutenant, qui ne voyait plus la marchande de coco, se doutait bien que sa fugue ne serait pas de longue durée, et il attendit qu'elle revînt au Champ-de-Mars. Il allait bien de temps en temps au tapis vert dans l'espoir de l'y rencontrer, et cet espoir était rarement déçu ; mais il l'a trouvait tellement absorbée dans son double commerce, ou dans une préoccupation dont certes il n'était point l'objet, qu'il eût aussi bien fait de ne se pas déranger. D'ailleurs, Reine avait l'adresse d'éluder tout *à parte* avec ce poursuivant mal avisé.

Il faut pourtant avouer que l'indignation de la petite marchande de coco en reconnaissant le but de tentatives qu'elle trouvait offensantes, n'était pas l'unique motif qui l'avait poussée vers ces lieux où nous l'avons vue fuir avec tant de célérité.

III

VALENTIN.

Valentin Brice était un beau soldat, à l'œil noir et vif, tout rempli de douceur; son air martial, tempéré par un fréquent sourire de gaité et de bonhomie, imposait et rassurait tout ensemble. Sous l'élégant uniforme des chasseurs à pied, vous eussiez vu sa taille leste et souple ressortir avec avantage, et le fils des montagnes, l'agile Nemrod, terreur de l'Isard des Pyrénées, se trahissait dans ses allures promptes, dans ses mouvements libres et flexibles. Né près du berceau de Henri IV, on eût dit que quelques gouttes de sang du brave et loyal Béarnais circulaient dans les veines de notre intrépide montagnard, et pourtant, fils d'un honnête jardinier-fleuriste, il aida son père dans ses travaux horticoles jusqu'au moment où la conscription était venue l'enlever à ses occupations pacifiques et à sa tranquille famille. Incorporé dans un régiment qui se rendait en Afrique, il servit trois ans dans ce pays où sa bonne conduite lui mérita le grade de caporal.

Après le siége des Zaatcha, il fut nommé sergent, en récompense de sa bravoure. De retour en France depuis seize mois, il regrettait la seule contrée où, alors, on fit la guerre : car celle de Rome était glorieusement terminée. Valentin, passionné pour le métier des armes, mordait son frein en se voyant condamné au repos.

Heureusement que la Providence, comme pour dissiper ses ennuis, lui tenait en réserve une puissante distraction. La marchande de coco, si mignonne, si gaie, si vertueuse lui avait paru digne d'être sa femme un jour. Depuis quelque temps, il l'observait sans qu'elle s'en doutât, se plaisant à la voir attirer de nombreuses pratiques par ses manières accortes et engageantes, et rien ne l'amusait davantage que la naïve brusquerie de ses paroles, de ses gestes, qui n'excluait pas certaine grâce.

Reine, jusqu'alors demeurée dans une insoucieuse indifférence, accueillait tous ceux qui s'approchaient d'elle avec une égale gentillesse. Cependant, elle finit par rencontrer les regards interrogateurs de Valentin ; elle sourit, baissa les yeux... ce fut toute sa réponse : et toutes les fois que ses yeux rencontraient ceux du jeune sergent, elle les baissait, souriait et rougissait encore. Ce langage muet, si rempli d'éloquence, n'avait sans doute pas eu besoin de se traduire autrement. Néanmoins, une certaine intimité sembla peu à peu s'établir entre ces deux jeunes gens, dont les âmes honnêtes s'ouvraient à de loyales espérances. Déjà l'on échangeait quelques paroles plus intimes, on s'écoutait tour à tour, on acceptait un bouquet, on se retrouvait chaque jour à la même heure, aux mêmes endroits, sans qu'on se fût donné rendez-vous.

C'était quand la foule commençait à se retirer, que la marchande de coco déposait, au pied d'une statue, sa fontaine et sa corbeille vides toutes deux : puis, assise sur un banc abrité par les grands marronniers, elle prêtait l'oreille aux récits animés et variés de Valentin. S'il lui parlait de la maison paternelle, située à l'extrémité du ravin qui coupe la colline où l'on voit s'élever la jolie ville de Pau, si, dans son langage plastique, il lui dépeignait les belles fleurs que nàguère il cultivait avec son père, ou s'il entraînait l'écouteuse attentive dans ses excursions aux sommets des montagnes et qu'il lui en décrivit les aspects, tantôt sévères, souvent terribles, elle s'écriait en joignant ses petites mains :

— Seigneur, est-il possible? En voilà des récits, qui, pour vous amuser, vous donnent la chair de poule!

C'était donc sous les beaux ombrages du parc de Versailles que Reine et Valentin se livraient en toute sécurité au plaisir de se voir, au plaisir de s'entendre. Dans les premiers temps, notre marchande de coco, malgré son caractère résolu, n'osait point interroger le conteur, même quand elle aurait désiré plus ample information ; mais on se familiarise bien vite avec ce qui se répète souvent.

Un dimanche, que la visite en plein ciel et en nombreux auditoire, se prolongeait au delà de l'heure accoutumée, et que déjà les derniers rayons du soleil perçaient capricieusement l'épais feuillage; le montagnard, l'œil brillant, la physionomie radieuse, le geste martial, racontait ses campagnes avec sa verve toute méridionale, Reine l'interrompit tout à coup :

— Sapristi, monsieur Valentin, lui dit-elle, comme vous y allez! Vous aimez donc fameusement les coups de fusils?

—Ah! mademoiselle, répondit le sergent avec feu, si vous saviez que d'agrément il y a...

—Quoi! interrompit de nouveau la petite marchande de coco, à se faire tuer les uns les autres, à se faire démonter les membres, et, ce qui est *pire* encore, à se défigurer à toujours comme feu mon père et le pauvre Marcel l'invalide!... Il est joli l'agrément!... Tenez, M. Valentin, je veux bien qu'on fasse la guerre en brave quand il le faut, mais je n'aime pas qu'on s'en réjouisse.

— Ah! cadédis, c'est comme cela que toutes les femmes parlent; vous, mademoiselle Reine, pouvez-vous oublier que la guerre, c'est notre gloire à nous autres? Est-ce que le champ de bataille n'est pas quasi notre plus crâne de spectacle, notre grande émotion, notre fameuse partie qui s'y joue avec notre vie pour enjeu?

— Oui! oui! s'écria Reine, et beaucoup de morts sur la place!...

— Eh bien! après... est-ce qu'on s'en aperçoit seulement? les vivants remplacent les morts, c'est bientôt fait, allez...

— Et tous ces pauvres blessés qui crient, qui souffrent, qui attendent le bistouri ou la mort!...

— Ça, c'est un petit inconvénient, je n'en disconviens pas; que voulez-vous, mademoiselle Reine, ça dépend du sort: après la canonnade on se tâte, et si l'on n'est pas touché, on se dit: ce n'a pas encore été mon tour; et en avant, marche!

— Et le tour vient... puis, les mères, les sœurs... et *d'autres*... n'ont plus qu'à pleurer.

— Est-ce qu'on ne court pas le risque d'être blessé dans tous les métiers, mademoiselle? N'en voilà-t-il pas un qui tombe d'un toit et qu'on relève tout disloqué? Et cet autre, enterré vif sous un éboulement où il étouffe; et ceux qui se noient dans les naufrages? ou qui brûlent à la vapeur? Sans compter les broyés de chemins de fer et les asphyxiés par le feu grisou?

— Mon Dieu, oui, M. Valentin, dit la jeune fille avec tristesse; les *afictiés*, nous savons ce que c'est!..... C'est qu'il y en a trop malheureusement qui n'ont pas besoin de feu.... quoi, grison, non grisou, je crois que vous venez de dire. Vingt-cinq centimes de charbon ça fait l'affaire; quelle offense au bon Dieu!

— Ah! sandis, pour celles qui ont la volonté de se détruire, reprit le sergent d'un air de mépris, je ne les compte pas avec leur mort de repasseuse, tandis que nous, c'est pour la patrie que nous combattons comme des héros, que nous mourons comme des martyrs! A la guerre, officiers, soldats, ça ne fait plus qu'un corps et qu'une âme! Si vous aviez vu mon colonel, qui est comme un Dieu sur son cheval!..... Quand il nous criait de sa voix claire et nette: « Allons, en avant, mes petits chasseurs! » nous aurions été capables d'escalader la tour de Babel; car, sandis! il faut vous le dire, un chamois, c'est une tortue à côté d'un chasseur à pied.

A cette dernière phrase, Reine ne put retenir l'éclat de rire le plus franc, le plus malin, le plus épanoui qui se puisse imaginer.

Le narrateur fronça quelque peu le sourcil et reprit avec une comique assurance:

—Vous riez, Mlle Reine; eh! bien, je n'en ai pas encore dit assez, voyez-vous; car chacun de nous avait comme au moins deux paires d'ailes pour monter aux assauts de Zaatcha, cadédis!... Nous grimpions plus lestement à la cime des grands palmiers que les écureuils sur les branches des tamarins.

—Monsieur Valentin....

—Mademoiselle Reine....

—La Garonne est à sec.

—Pourquoi donc, Mademoiselle Reine?

—Par la raison que vous l'avez bue tout entière.

—Vous êtes trop méchante, Mlle Reine, je ne dirai plus rien.

—Monsieur Valentin, vous ne voudrez pas, pour vous venger de moi, priver les autres d'entendre ce que vous racontez si bien?

L'historien de ses propres exploits examina la jeune fille pour démêler sur son malin visage si elle ne continuait pas ses railleries; mais sa mobile physionomie, devenue sérieuse, n'offrait plus à l'inquiet observateur qu'une expression plutôt grave qu'ironique. Notre moderne Xénophon reprit donc le récit de ses amplifications guerrières.

—Non, reprit-il avec un redoublement de véhémence : non, fille timide de la vaillante mère Radis, vous ne pouvez pas vous figurer ces crânes remue-ménages de la guerre, cet enivrement du combat au milieu d'un nuage de poudre, du bruit des canons qui tonnent et font trembler la terre, des décharges de cent mille fusils qui déchirent l'air par des balles qui sifflent comme des mille millions de serpents, du galop des chevaux qui hennissent, qui piaffent, qui trépignent et se précipitent sur l'ennemi comme nos torrents dans les gaves. Et puis la musique qui chante, les trompettes qui sonnent, les tambours qui battent la charge à vous entrainer au fond des enfers, s'il faut y aller tuer le diable ! Sandis ! c'est que tout cela est superbe, et que c'est un si beau vacarme ! Cadédis, et la bonne odeur de poudre à respirer, Mlle Reine !

—Merci ; Monsieur Valentin, j'aime autant sentir les jolies fleurs que vous m'apportez que votre poudre à canon, et la musique du parc m'est infiniment plus plaisante que vos charivaris et tout le tremblement de la bataille. Pourtant je ne veux pas que vous me croyiez une poltronne au moins. Jarni ! c'est que Reine Lebeau, la petite-fille de la mère Radis paierait de sa personne, si l'occasion d'être utile à quelqu'un s'en présentait.... Croyez-le bien, Monsieur Valentin.

— Eh ! je n'en doute pas, Mademoiselle Reine ; seulement je voudrais vous voir plus de goût pour la guerre ; mais cela vous viendra, j'espere.

L'espoir de Valentin Brice la divertit beaucoup.

—Dites donc, Monsieur le guerroyant, vous passez sous silence les Bédouins, vos ennemis. Est-ce vrai qu'ils sont noirs et laids comme des singes ?

—Pas vrai du tout, ils sont brûlés du soleil ; mais ils ne sont pas plus noirs qu'un zouave ; même il s'en trouve parmi eux qui sont beaux et habillés comme des princes : mais ceux-là on les appelle des cheikhs.

— Et les Bédouines, Monsieur Valentin, lui demanda-t-elle avec finesse, vous n'en parlez pas ; est-ce qu'elles sont bien jolies ?

— Il y en a d'une et d'autre ; j'en ai vu des jeunes d'une beauté superbe, et puis des vieilles, qui n'avaient pas plus de trente ans, affreuses à faire peur ; si bien que je fermais les yeux quand il en passait à côté de nous.

— Excusez ! une vieille de trente ans ! Ce n'est pas moi qui voudrais y aller dans ce pays d'Afrique, où avant la trentaine ces beaux messieurs se bouchent les yeux pour ne pas vous voir.

— Sandis ! Mademoiselle, les plus belles deviendraient des laides à côté de vous.

Elle s'inclina en adressant au sergent un demi-sourire tant soit peu moqueur.

IV

L'HIVER.

Une après-midi, pendant qu'elle distribuait ses *plaisirs* à son enfantine clientèle, le père d'un charmant petit garçon l'interpella ainsi :

— Dites-moi donc, la jolie marchande de coco, on prétend que vous avez un prétendu ; est-ce vrai?

— Oui, Monsieur, pourquoi pas, s'il vous plaît? Reine est-elle donc aussi fanée qu'une Bédouine de trente ans?

— Non, en vérité; Reine est fraîche comme une rose de mai ; sa réponse est franche et prompte, vous ne vous en cachez pas, à ce qu'il paraît.

— On ne se cache que de ce qui est mal.

— Ah!..... ce n'est pas mal d'avoir un prétendu.

— Pas que je sache, Monsieur, est-ce que le bon Dieu ne nous a pas donné aussi bien qu'à vous un cœur pour l'échanger avec un autre? Et vous-même, Monsieur, n'avez-vous pas aimé cette belle dame blonde, la mère, je crois, de votre petit chérubin qui croque si gentiment de mes *plaisirs*?

La jeune dame adressa le sourire le plus gracieux à la marchande de coco, et lui dit :

— Vous avez raison, jeune fille, d'être sincère et de défendre vos sentiments. Quand ils sont honnêtes, ils n'ont pas besoin de mystère !...

— Voilà qui est bien parlé, répondit Reine en faisant la révérence ; à nous autres pauvres filles, on ne nous permettrait donc de n'avoir que du mal et de la misère ! Dam ! Faut espérer qu'il y a encore autre chose en ce monde pour Reine, au moins.

— Et quelle est cette autre chose ? répond le monsieur avec gaîté.

— Monsieur a trop de bon sens pour attendre une réponse à une pareille question.

— Elle est en vérité charmante ! s'écria l'indiscret en se tournant vers sa femme. Au moins elle ne joue point l'innocente.

— L'innocente, mon Dieu, est-ce que notre vie à nous au milieu des garnisons nous laisse l'innocence ? Hélas ! nous entendons, nous voyons trop de choses pour que longtemps nous ignorions de rien ; mais celles qui sont sages par nature et par religion n'ont rien à craindre ; elles restent honnêtes ; seulement elles savent pourquoi, et voilà tout.

Et la marchande de coco reprit sa corbeille, dirigea ses pas légers vers d'autres petits amateurs de friandises et se mit à chanter :

— Voilà le *plaisir*, messieurs ; mesdames, voilà le *plaisir !*

Cependant les teintes brillantes et variées de l'automne commençaient à s'éteindre sur le pâle feuillage des bosquets éclairés ; une brume légère couvrait les eaux, et quelques parcimonieux rayons de soleil éclairaient comme à regret ce beau parc qui livrait à l'abandon les profondeurs de ses longues allées devenues solitaires.

Reine avait pris ses quartiers d'hiver dans son modeste logement situé sur le boulevard des Invalides ; sans doute elle y remettait en ordre ce qui avait été négligé pendant l'absence, ou elle s'y livrait à des travaux utiles.

Le bataillon de Valentin avait également quitté Versailles pour prendre à Paris le service d'hiver. Se fit-il une lacune dans les relations de ces deux jeunes gens depuis qu'ils avaient quitté Versailles? Il est à croire que s'ils se voyaient, c'est qu'ils se rencontraient dans les rues ou dans les églises. Une fois pourtant, sur le quai aux Fleurs, Valentin aperçut Reine remettant un petit paquet à une sœur de Charité, et celle-ci, après l'avoir reçu, avait serré la main de la jeune fille. Alors le montagnard s'approcha de Reine, et lui offrit un pot d'œillets blancs qu'elle voulut bien accepter.

Ce fut, pendant les quelques mois de ce qu'on appelle la saison morte, les seuls incidents que nous ayons à raconter : car la petite marchande de coco, privée de mentors et de protecteurs, avait interdit à Valentin l'accès de son réduit d'orpheline, et le jeune homme n'avait pu qu'approuver l'aimable enfant.

Reine recevait à de longs intervalles des nouvelles de la Californie ; Lucien, dans chacune de ses lettres, faisait part à sa sœur des chances heureuses qui le favorisaient lui et ses compagnons, les chercheurs d'or. Ils étaient tombés sur une bonne veine aurifère, d'une exploitation difficile à la vérité, mais qui couronnerait leurs pénibles travaux par un véritable succès.

— Amen ! s'écriait Reine, s'il devient riche et qu'il reste un honnête garçon ! car tous ces enrichis souvent ne valent pas grand'chose, ça fait des égoïstes et des avares.

Après avoir répandu ses dernières giboulées sur les espérances printanières, le capricieux avril venait enfin de le céder au mois du soleil et des fleurs. Déjà les Tuileries et les Champs-Elysées voyaient de nombreux promeneurs chercher un abri sous la jaune verdure non encore souillée de poussière, et les manœuvres recommençaient au Champ-de-Mars.

Drelin, drelin din din, drelin din din!

— Voilà la petite marchande de coco, à la fraîche, qui veut boire?

Et les anciennes pratiques accouraient se désaltérer, toutes joyeuses de revoir la jolie Reine. L'impatient Valentin attendait que la foule se fût éloignée pour avoir son tour à lui seul. Alors, un regard, un mot, une fleur jetés à la dérobée, étaient reçus avec reconnaissance; car l'orpheline s'était dit, quand elle avait plus intimement connu le brave montagnard :

— Celui-là sera mon lot, si Dieu me le garde.

Pour eux, tout donc aurait été le mieux du monde, si un perturbateur mal avisé n'était venu troubler leur innocente quiétude. L'officier dont nous avons déjà parlé, enchanté de retrouver la jeune fille, l'obsédait de ses assiduités avec plus de persistance que jamais. Reine, pour l'éloigner, avait beau faire éclater toute l'artillerie de sa colère, il n'en tenait nul compte; il résistait au dédain, à la menace, à la prière même, et tous les efforts de la petite marchande de coco, pour le repousser, ne servaient qu'à exciter sa convoitise.

L'infortuné Valentin, muet témoin de ses attaques incessantes contre celle qu'il aurait voulu préserver et défendre au prix de tout son sang béarnais, demeurait cloué sur place, n'osait ni s'avancer, ni chercher à reprendre un terrain occupé par un ennemi hors de proportion.

—Sandis! murmurait-il en lui-même, si tu étais seulement un autre sergent, comme je te débusquerais de la position, mais le diable veut que tu sois mon officier, à moi! Ah! il n'y a pas de justice sur terre!

Puis, de plus en plus exaspéré par ce qu'il voyait, par ce qu'il entendait, il entrait dans un désespoir haineux dont rien ne pourrait donner l'idée; ses mouvements, sa physionomie, sa pâleur, son amaigrissement ne trahissaient que trop ce qui se passait au fond de ce cœur. Parfois il lui arrivait de ces tentatives désordonnées qui auraient pu tout perdre, mais un regard de Reine le retenait à propos.

Reine, qui recueillait en elle-même les tortures indicibles du malheureux sergent, y savait compatir ; mais elle était loin de les approuver. Un jour, profitant d'un moment où par hasard elle se trouvait délivrée de son persécuteur, elle fit signe à Valentin d'approcher. Il s'empressa de répondre à cet appel; mais la diversité et la force de ses impressions lui ôtèrent la voix et la parole. Son visage blême, ses lèvres tremblantes, ses sourcils rapprochés et les éclairs de fureur qui sortaient de ses grands yeux noirs, lui donnaient un aspect terrible et effrayant.

— Monsieur Valentin, lui demanda Reine d'un ton moitié sévère moitié railleur, est-ce que vous venez de faire un mauvais coup, avec votre air de Barbe-Bleue?

— Il s'agit bien d'un conte bleu, mademoiselle, quand, depuis six semaines, je suis sur le gril de saint Laurent, qui, en comparaison de moi, était couché sur des roses.

— Pourquoi vous y mettez-vous, sur le gril de saint Laurent?

—Parbleu, parce que cette chienne d'épaulette qui ne vous quitte pas plus que votre ombre, me mange le sang et la vie.

— Dites donc, monsieur Valentin, seriez-vous jaloux par hasard?

— Ah! sandis, vous me le demandez comme si vous ne le saviez pas.

—Eh! bien, moi, je n'aime pas les jaloux.

—Cadédis! moi je déteste les gens qui....

—Qu'est-ce que ça vous fait?

—Ce que ça fait, grand Dieu?... cela me rend enragé.

—Peste, ne me mordez pas, au moins.

— Vous plaisantez toujours, mademoiselle Reine, ce n'est pas d'un bon cœur.

— Monsieur Valentin.... Vous n'avez pas confiance en moi?

— Si...... non...... oui...... Mais vous êtes si jeune, mademoiselle Reine!

— Eh bien.... bonsoir, monsieur Valentin, quand j'aurai la cinquantaine et que je serai décrépite comme une Bédouine de trente ans, vous reviendrez. Faut espérer que dans ce temps-là vous ne serez pas si ébouriffé, si transi, si morfondu!

— Transi!.... morfondu!..... Moi, Valentin Brice!... moi qui incendierais la glace!

— Ma foi, déconfit comme vous voilà, vous ne la feriez pas fondre, la glace!

— Allons, il n'y a pas moyen de vous parler raison; c'est à regretter qu'une balle arabe ne soit pas venue caresser ma carcasse!

— Taisez-vous; c'est offenser le bon Dieu que de dire une pareille bêtise.

— Moi! une bête! bien obligé.

— M. Brice, assez causé pour ne rien dire. A présent, voilà *qu'est* sérieux... Regardez bien Reine, la petite-fille de la mère Radis!... Oui!... Là, entre les deux yeux... Et si vous la croyez capable de vous tromper, fermez les vôtres, et ne la revoyez jamais.

— Impossible!

— Ecoutez-moi; je ne suis pas encore au bout de mon peloton; d'abord, vous saurez que depuis votre jalousie vous êtes devenu laid à faire peur.

— Ah! Mlle Reine, est-ce vrai?

— C'est la pure vérité, et je vous préviens que si vous tenez à mon amitié, que vous changerez tout de suite votre figure de carême prenant, que vous ne viendrez plus à moi comme un tyran de mélodrame. Et si vous insultez Reine

Lebeau par des soupçons injurieux, c'est qu'elle vous signifierait votre congé définitif plus vite que le gouvernement !

— Fischtre ! quand vous devenez sérieuse, Mademoiselle, il parait que c'est bien pire encore. Coquin de sort ! C'est qu'il n'y fait pas bon !

— Je n'ai point de détours dans mes paroles, faites-en votre profit.

— Au nom de votre respectable aïeule, ne vous montez pas, ne vous montez pas, je vous prie. Tenez, je ferai tout ce que je pourrai pour vous contenter... Mais, sandis, si vous pouviez chasser d'auprès de vous cette épaulette de Satan, je deviendrais docile comme un petit mouton !

— Allons, votre bonne volonté m'apaise, c'est déjà quelque chose de gagné ; mais, mon bon M. Valentin, croyez-moi, la confiance, c'est l'honneur des vrais amis.

Hélas ! Le malencontreux officier revint à son poste d'observation et ne le quitta plus que le moins possible. Reine se séchait de dépit, mais, en raison de sa position infime, et de celle de Valentin qu'elle aurait pu compromettre, elle n'osait point faire d'esclandre. Pour le supplicié Valentin, dans son impuissance d'écarter son chef, il ne savait plus à quel saint se vouer, d'autant que son irritation, forcément contenue, le poussait parfois à des mouvements d'humeur dont l'astucieux officier profitait pour l'envoyer à la salle de police : là, ce jaloux devenait incurable.

V

VISITE IMPRÉVUE.

Un matin, pendant que notre marchande de coco s'occupait à orner de propreté son modeste réduit, au moment où elle plaçait sur sa fenêtre le pot d'œillet reçu au quai des Fleurs, un violent coup de marteau, qui la fit tressaillir, retentit à sa porte; elle s'empressa d'aller ouvrir. Quelle ne fut point sa suprise lorsqu'elle vit le fougueux sergent se précipiter dans cette chambre, où jusqu'ici il n'avait pas essayé de pénétrer.

— Mademoiselle, s'écria-t-il avec une espèce de fureur, tout est perdu!... Je suis ensorcelé! Ah!...

Il essuyait son front pâle et désordonné.

— Seigneur! Est-il possible, qu'avez-vous, M. Valentin? Qu'est-ce donc qui a pu vous arriver?

— Ce qui m'arrive, grand Dieu!... Ce qui m'arrive?... Un malheur, un désastre, une ruse du diable!

— Mais quoi donc? Vous me faites bouillir le sang; expliquez-vous!

— Puisque c'est à en devenir fou, Mlle Reine?

— En vérité, je crois que vous l'êtes tout devenu. Y a-t-il du bon sens de venir me faire des tragédies en énigmes.

— Eh! sandis, il reste... et moi je pars!

— Vous partez, monsieur Valentin!... Vous partez! Et pour quelle garnison?

— Elle est loin la garnison; nous allons défendre le Grand-Turc à Constantinople.

— On va donc faire la guerre?

— Eh! oui donc, et une fameuse encore... Mais que diable, *il* reste... et moi je pars!

— Quoi! vous allez vous battre!... reprit-elle plus émue qu'elle n'aurait voulu le paraître; est-ce bien sûr, monsieur Valentin?

— Certainement, Mademoiselle, ce n'est que trop vrai *qu'il* reste... et que je m'en vas!

— Mon bon monsieur Valentin, puisque c'est votre devoir, faut bien qu'on s'y conforme, dit-elle les yeux pleins de larmes. Est-ce que c'est pour bientôt? lui demanda-t-elle d'une voix tremblante.

— Sandis! Eh! que sais-je?... Aujourd'hui, demain, après-demain, peut-être; mais *il* reste, lui!... Coquin de sort!

— Puisque vous aimez tant la guerre! monsieur Valentin... ajouta-t-elle avec un soupir...

— Mille, mille bombes!.... Je la déteste à présent la guerre, puisque cet officier de malheur ne vient pas!

— Allons, allons, un bon citoyen comme vous ne doit pas dire qu'il est mécontent de servir son pays!

— Eh! sandis, qu'il le serve aussi, *lui!*

— Lui!.... Qui donc?

— Mais, je le vois, vous n'y êtes pas... Vous ne comprenez donc pas, Mademoiselle?

— Mon Dieu si, je comprends bien que vous allez suivre votre régiment et vous battre au loin...

— Diantre ! Comme vous prenez cela !... Non, non, vous ne m'avez pas entendu, je le vois bien.

Elle le regarda tout étonnée.

— Ecoutez, Mlle, car il n'y a pire sourd que celui qui ne veut pas entendre... et je vous l'ai dit, je vous le répète, je m'en vas... Et *il* reste, *il* reste, entendez-vous ?

— Eh ! qu'importe, qu'il reste ou ne reste pas ?

— Qu'importe ? sandis ! Y songez-vous ?... Cet homme, il va m'ôter toute ma vaillance. Et puis... lorsque je ne serai plus là !

— Quand vous ne serez plus là... Qu'est-ce donc qui arrivera de plus que si vous étiez ?

— Sandis ! Rien, je l'espère ; mais enfin, il vous verra... et je ne vous verrai plus, moi ?

— Peste ! Il sera bien avancé de me voir, le mirliflor à épaulette ; est-ce que je le regarderai seulement ?

— Ah ! ma chère Mlle Reine, soyez bien maussade, bien méchante avec lui ; louchez, faites la grimace, enlaidissez-vous ; tenez, si vous pouviez devenir bien laide... pour un temps... avoir la rougeole, la petite vérole, un mal quelconque pour vous défigurer... Non pas à jamais au moins ; mais comme qui dirait jusqu'à mon retour !... Mais, sac à papier, ça ne se pourrrait pas !

— Merci, monsieur Valentin, c'est aimable ! Vous êtes bien en souci de ma santé à ce qu'il parait !... Et si le bon Dieu, pour vous punir de votre vilaine jalousie, m'envoyait une grosse maladie à faire de moi un monstre ?

— Ah ! Mlle Reine, je vous verrai comme auparavant, et je ne vous en épouserais pas moins.

— Pauvre Valentin ! dit-elle tout attendrie, pourquoi, puisque vous avez un si bon cœur, possédez-vous une si mauvaise tête, dans laquelle trotte un tas d'idées saugrenues ?

— Que voulez-vous, ma chère demoiselle ? on ne se fait pas soi-même !

— Non, mais, si l'on n'est pas tout-à-fait bien, on doit se refaire.

— Mademoiselle Reine, entendez-vous !... Voilà le rappel, il faut que je vous quitte à l'instant !... Je ne m'en irai pas sans vous faire mes adieux... Voulez-vous que ce soit ici ?

— Non, monsieur Valentin, mais à Versailles, sous les grands marronniers.

— Comme il vous plaira... Tout de même, quel guignon que cette satanée épaulette ne soit pas des nôtres !

VI.

SOUS LES MARRONNIERS.

Par une de ces suaves journées que le soleil réchauffe doucement, la foule élégante circulait dans les allées du parc de Versailles; de temps en temps cette foule s'arrêtait silencieuse et prêtait l'oreille aux accords d'une belliqueuse harmonie.

Mais l'on n'entendait plus la voix fraîche qui naguère chantait :

—Voilà le *plaisir!* messieurs, mesdames. Voilà le *plaisir!*

Cependant, l'on aurait pu découvrir au loin, sous une épaisse feuillée, une jeune petite fille assise à l'écart et qui, pour la première fois de sa vie peut-être, s'abandonnait dans une attitude pensive et mélancolique. Ses yeux naturellement vifs et brillants semblaient s'éteindre sous un voile humide, l'éclat de son visage s'effaçait insensiblement et une récente pâleur trahissait une atteinte pénible ; plus de sourire sur cette bouche malicieuse; enfin, la sémillante marchande de coco était vaincue par ce premier chagrin qui l'avait soudainement frappée.

En ce moment, un jeune sous-officier pâle aussi, mais dont la mobile physionomie offrait un singulier mélange de joie et de tristesse, s'avançait à pas précipités, et s'arrêta devant la jeune petite fille :

— Mademoiselle, lui dit-il avec une émotion contenue ; vous voyez là devant vous un homme tout à la fois content et malheureux !

— Vous ne partez donc pas ? s'écria la jeune fille avec une joie qu'elle ne put maîtriser.

— Si vraiment, mademoiselle Reine, je pars... il le faut, vous le savez bien ; mais *lui*, *lui* aussi il part... l'épaulette va briller au soleil de Crimée : quelle chance retournée !

— Et cela vous console de nous quitter, monsieur Valentin ?

— Non, non ; mais si vous saviez ce que c'était que d'avoir sur la poitrine la brêche de Roland[1] qui m'étouffait à en mourir ! A présent que je ne l'ai plus, je respire, je me sens léger comme un chamois ; et puis, Mlle Reine, mes regrets, en pensant à vous, ne seront plus si troublés.

— M. Valentin, je crois que vous avez plus de jalousie que d'amitié pour moi, lui dit-elle en soupirant.

— Ah ! mademoiselle Reine, que vous me jugez mal !

Elle sourit avec tristesse. Le sous-officier debout, les bras croisés, la tête inclinée, demeura longtemps dans cette muette attitude ; il contemplait Reine qui avait perdu ses fraiches couleurs, son air de gaîté. Leurs yeux se rencontrèrent, une larme furtive éteignit, en passant, le regard du jeune homme, roula sur ses joues mâles et se perdit dans sa noire moustache. Alors Reine, ne pouvant plus retenir ses pleurs, joignit les mains, leva au ciel ses yeux pleins de larmes, et dit d'une voix suppliante :

— Mon Dieu ! que votre bénédiction le suive et le couvre

(1) Montagne des Pyrénées.

aux jours du danger ! C'est un enfant de la France, ne l'ôtez pas à sa mère, à sa patrie qu'il va servir de tout son cœur !

— Ah ! mademoiselle ! mademoiselle, j'ai l'âme déchirée ! Ne le voyez-vous pas ?... Père, mère..., ils ne sont point morts... et Valentin pleure !

— Merci, Valentin, les larmes d'un brave ne tombent point sur un cœur ingrat !

— Mademoiselle Reine !... Si vous vouliez accepter pour souvenir et pour adieu, cette petite bague que voici, vous seriez bien aimable. Voyez-vous, la croix entourée de dix petites perles d'or qui en forment l'anneau, c'est une dizaine de chapelet que vous direz pour moi pendant que je me battrai là-bas. Dieu exaucera vos prières.

— Donnez, donnez, Valentin... j'aime ce présent plus qu'un trésor ; tenez, prenez en échange cette médaille de la bonne Sainte Vierge qui me vient de ma grand'mère ; elle l'a préservée dans les grands périls, elle vous préservera aussi, j'espère.

Reine détacha de son cou une chaîne de Venise à laquelle était suspendue la sainte image, et l'ayant passée à celui de Valentin, elle lui dit :

— Portez-la sur mer et sur terre ; c'est la patronne de tous les malheureux en danger de périr.

— Elle ne me quittera jamais ! s'écria le sous-officier. Pas même après ma mort, si j'ai un bon camarade pour m'ensevelir !

— Fi ! M. Valentin ; ne dites pas comme ça des choses terribles ; ça fait trop de mal.

L'horloge du château sonna huit heures ; on voyait encore quelques couples isolés, qui se retiraient au loin et semblaient fuir comme des ombres.

Reine et Valentin, sous une même impulsion, s'acheminaient en silence vers les grands marronniers qu'ils voulurent revoir ensemble...... L'heure de la permission s'avançait...

— Adieu, Reine! adieu! lui dit-il d'une voix altérée..... Si je meurs pour mon pays, je n'aurai toujours vécu que pour vous.... Le départ est pour demain.

— Jusque-là, je veillerai et je prierai, répondit-elle avec une résignation douloureuse.... Adieu!... Que la bonne Providence vous ramène sain et sauf!

Elle jeta un regard de regrets et de larmes sur ce beau jeune homme si plein d'existence, d'énergie et de sensibilité, puis elle se mit à fuir et disparut bientôt dans les détours des allées solitaires. Valentin s'éloigna, lorsqu'il l'eut perdue de vue.

Le lendemain, vers cinq heures du matin, des troupes en tenue de guerre traversaient l'esplanade des Invalides. En passant devant une petite porte, la seule ouverte à cette heure, et sur laquelle se tenait une jeune fille éplorée, un sous-officier à l'air triste et martial sortit du rang, et avec la promptitude de l'éclair, lança une fleur qui vint tomber aux pieds de la jeune fille qui la releva; c'était une immortelle blanche, comme le lis des champs.

— Petite fleur du départ, lui dit-elle en la pressant de ses lèvres et sur son cœur, au moins tu ne te faneras point pendant l'absence... Mais j'y songe!... Une immortelle!... Est-ce que ce n'est pas aussi la fleur des tombes?... Mon Dieu! mon Dieu! ne m'annoncerait-elle rien de bon?...

Allons... allons donc, Reine, pas de superstition; aie plutôt du courage et de l'espoir. Ils ne sont pas tous frappés! Beaucoup sont pour revenir!

Les cœurs souffrants, surtout lorsqu'ils sont livrés au chagrin d'une séparation, sentent le besoin de solitude; notre petite marchande de coco aurait désiré ne voir, ne parler qu'à ses fleurs, mais elle fut contrainte de retourner au Champ-de-Mars où elle continua de désaltérer les soldats qui, à leur grand déplaisir, n'avaient pu suivre leurs camarades. En voyant Reine sérieuse et distraite, quelques maladroits essayèrent de la plaisanter sur ses graves préoccupations; mais elle les regarda d'un air si doux, si rempli de reproches, qu'ils en furent pénétrés, lui firent humblement leurs excuses, et, regrettant leur inconséquence, ils ne s'avisèrent plus d'irriter la plaie de son cœur.

Les dimanches, elle allait à Versailles pour y chercher des souvenirs; elle aurait bien voulu retrouver le monsieur et la belle dame blonde qui lui avaient parlé la saison dernière; mais elle ne les revit plus. La seule distraction qui se glissait parfois dans son isolement lui venait d'un vieil invalide qui avait connu son père, et plus intimement sa grand'mère. Lorsque l'invalide Marcel entretenait la pauvre orpheline des hauts-faits de son aïeule, la mémorable cantinière, il ne manquait pas de soulever son chapeau en signe de considération. Il lui parlait aussi de Valentin, qui l'avait arraché de la roue d'un omnibus sous laquelle il allait être écrasé.

— Sans ce brave garçon, Mlle Reine, je serais mort et je n'aurais pas aujourd'hui le plaisir de vous voir. Aussi que sa bonne étoile le conduise aux Invalides; mille bombes, nous aurons soin de lui!

— En voilà bien d'un autre à présent! Drôle d'étoile, en vérité, que celle qui le mènerait dans votre palais des mutilés, mon brave homme! J'espère bien que Dieu l'en préservera.

— Ne vous fâchez pas, belle petite Reine; ce que j'en disais, c'était par reconnaissance; c'est vrai que ce serait grand dommage qu'un si beau garçon nous revînt tout éclopé... Dam! Mlle Reine, je n'étais pas plus mal que lui dans mon temps, et votre père, notre camarade, avait été un superbe homme. C'est la guerre qui veut ça.

Elle soupira, la pauvre enfant; elle ne regardait plus le vieil invalide qu'avec une pitié mêlée de terreur.

VII

LA LETTRE.

La marchande de coco revenait un soir du bois de Boulogne où il y avait eu grande revue. Elle trouva près de sa porte le facteur qui lui remit une lettre dont le timbre et l'écriture firent battre son cœur. En briser le cachet, jeter un œil avide sur les lignes suivantes, fut aussi prompt que l'envoi de l'immortelle au jour du départ.

« Mademoiselle,

» Si je ne vous ai pas écrit plus tôt, c'est que depuis notre arrivée ici, je n'ai été occupé qu'à soigner les malades, à aller chercher les chirurgiens, les sœurs de charité, les aumôniers et à enterrer les morts. Ce damné choléra nous a fait plus de mal que dix batailles. Soldats, officiers, jusqu'aux généraux, tombent comme s'ils étaient sous la mitraille, et pourtant, on ne s'est pas encore battu. Coquin de sort!

» Ne soyez pas en peine de moi, Mlle Reine, le fléau ne mord point sur mon individu; il m'a méprisé en Afrique, il me dédaigne à Galipoli.

» Au milieu de tous ces désastres, je pense toujours à

vous, je porte votre médaille sur mon cœur, et vous, ma chère demoiselle, au plus profond de ce cœur, d'où vous ne sortirez qu'avec mon dernier soupir. Adieu, Mlle Reine; nous allons à Varna d'où je vous donnerai de mes nouvelles; j'ai bien soif aussi des vôtres. J'ai senti que vous aviez prié pour votre tout dévoué absent,

» VALENTIN BRICE. »

Reine prit la plume et fit cette réponse que nous laisserons dans toute son inculte naïveté;

« Monsieur Valentin,

» Votre lettre m'aurait bien charmée, si elle n'avait pas été pleine de *maleurs;* faut-il que tant de braves si jeunes, s'en aillent mourir au loin, dans un lit, sans qu'une pauvre mère, une sœur, et d'autres encore ne les ai vus, ni soignés, ni encouragés.... Mon Dieu, ça fend le cœur....

» Monsieur Valentin, surtout, soignez-vous bien, je vous en prie, ne vous exposez pas trop. Ce n'est pas que je veux dire qu'on s'épargne quand on doit être utile; ça ne vous irait pas, mon bon M. Valentin. Mais le bon Dieu vous récompensera selon vos mérites.

» Depuis que vous n'êtes plus ici, je vais dans les *endroits* où nous avons été ensemble. C'est singulier, le parc m'a paru tout triste à présent.

» Adieu, M. Valentin Brice, votre pot d'œillet fleurit comme si vous étiez encore là pour en *jouire.* Votre immortelle est toujours la même, et moi aussi. M. Valentin, tous les jours je prie au matin et au soir sur la jolie bague d'adieu que vous m'avez donnée. Que le bon Dieu et la Sainte-Vierge vous protégent !

« REINE LEBEAU. »

Après la bataille de l'Alma, Reine reçût encore une lettre de Valentin :

« Ah! pour cette fois, mademoiselle, lui mandait-il, nous avons fait des prodiges et fameusement étonné les Russes qui sont presque aussi intrépides que des Français.

Figurez-vous qu'ils s'étaient juchés sur la plate-forme d'un rocher d'où ils nous narguaient à qui mieux mieux. Ils pensaient bien que nous n'irions pas les dénicher de si haut, et ils s'amusaient à pointer leurs canons sur nous qui étions massés dans la plaine. Eh bien! Mlle Reine, en un clin d'œil, pst! soldats de ligne, zouaves, chasseurs à pied, etc., etc., toute la fourmilière enfin, nous avons escaladé, renversé, démonté, mis en fuite ces fiers Russes et leur général. La bataille de l'Alma était gagnée! Toutes les balles ont sifflé à mes oreilles, mais je n'en ai reçu qu'une demi-douzaine dans mon shako. C'était tout de même bien visé. Sandis! que c'était magnifique! Et si entraînant, que j'ai vu un colonel de haute volée[1], qui n'était venu là que par amour de la guerre, se faire amateur-soldat; il nous électrisait tous par son ardeur, et sa crâne bravoure. Si j'avais osé, j'aurais baisé ses épaulettes.

» Je vous dirai encore, ma chère demoiselle, que mon colonel a été content de ma conduite à l'Alma, et qu'il m'a porté pour la croix. Je serai bien glorieux quand je me présenterai devant vous avec ma décoration!

» Vous ne devineriez jamais quels sont le monsieur et la dame qui vous ont arrêtée quand vous vendiez des *plaisirs* à Versailles? Je l'ai su drôlement, allez. En faisant la visite du camp, mon colonel, qui parle à presque tous les soldats, m'a dit:

» — Eh! bien, Valentin, la petite marchande de coco, que devient-elle?

» — Elle m'attend, mon colonel, lui ai-je répondu d'un air tout fier.

» — La jeune fille est bien jolie pour attendre! a-t-il répliqué en riant.

» Et puis il a passé à d'autres camarades; mais sa plai-

(1) M. le marquis de la Tour du Pin, colonel d'état-major, mort par suite de blessures reçues à l'assaut de la tour Malakoff.

santerie ne me fait pas peur. L'idée m'est donc venue que c'était lui et sa *dame* qui vous avaient parlé dans le parc.

» *P. S.* A propos, mon officier, M. Flammant, qui voulait nous séparer en France, il se bat ici comme un lion; il est devenu un bon diable, Mlle Reine; ce qui fait que je l'estime, surtout à présent, c'est qu'il ne parle jamais de vous et qu'il a l'air de vous avoir oubliée. Il est toujours aussi laid, ce qui ne me déplaît pas non plus. »

La petite marchande de coco ne put s'empêcher de rire en voyant le jaloux Valentin trouver bon qu'elle fût si facilement oubliée.

— Est-il malin le sergent de me dire que son officier ne pense plus à moi! Où a-t-il donc pris que M. Flammant soit si laid? mais c'est qu'il ne l'est pas du tout.

Depuis cette dernière lettre, un peu de sécurité et même de gaîté éclairait parfois son imagination rembrunie par l'absence et par tous les périls qui en étaient la suite. D'autres nouvelles vinrent encore raffermir sa confiance.

— Puisque Valentin se tire sain et sauf de tous les combats, se disait-elle, c'est que la médaille de ma grand'mère (une sainte celle-là), le préserve, c'est visible.

Et elle l'espérait invulnérable. Cependant la correspondance se ralentit peu à peu, surtout du côté de Valentin; il avait pourtant averti Reine de ne pas se tourmenter, s'il était moins exact à lui donner des nouvelles, parce qu'il était si occupé, soit à un service, soit à un autre, qu'il ne lui restait pas un moment de repos, ni le jour, ni la nuit. Néanmoins, l'attente de la jeune fille ayant été plus d'une fois trompée, elle sentit renaître toutes ses inquiétudes. Ne sachant à qui s'adresser pour les calmer, il lui vint comme une heureuse inspiration; c'était d'aller chez la femme du colonel de Valentin, cette belle dame blonde du parc de Versailles, qui habitait un hôtel aux Champs-Elysées.

— C'est une dame affable et bien accueillante, m'a-t-on dit, murmura la petite marchande de coco, pour se donner d'avance un peu d'aplomb. D'ailleurs, puisqu'elle m'a déjà parlé avec tout plein de bonté, elle ne me rebutera point, j'en suis sûre. Allons, c'est résolu, marchons.

Une fois son parti arrêté, la jeune fille ne reculait jamais devant aucun obstacle, espérant le vaincre avec un aide supérieur qu'elle ne manquait jamais d'invoquer aux moments difficiles.

Après qu'elle eut revêtu sa plus belle parure des dimanches, une robe rose semée de petites fleurs de muguet blanc, que sa petite main eut bien lissé d'épais bandeaux de cheveux noirs et posé sur sa tête un léger bonnet orné de rubans de la même nuance que sa robe, elle s'achemina pimpante et délicieusement jolie, vers l'hôtel de la marquise de C***. Lorsqu'elle fut arrivée à la grille, elle hésita quelques instants, et promena ses yeux devenus timides, sur la pelouse et les fleurs du jardin qui précédait la façade ornée de l'élégante habitation.

VIII

CHEZ LA MARQUISE.

— Mon Dieu! que c'est donc beau! comme c'est coquet! Il n'y a tout de même que les gens du beau monde pour avoir un si bon goût! se disait-elle tout bas de peur d'être entendue.

Enfin, ces gracieuses images que depuis longtemps elle caressait de ses regards, semblaient lui redonner un peu d'assurance; d'une main discrète elle tira le cordon de la cloche qui tinta doucement. La grille s'ouvrit aussitôt et elle se trouva en face d'une espèce de géant, porteur d'une riche livrée. Il lui demanda assez courtoisement ce qu'elle désirait.

— Je voudrais parler, s'il est possible, à Mme la colonelle de C***.

— Madame la marquise ne m'a pas fait donner l'ordre de vous recevoir, ma belle enfant, et je ne veux pas vous introduire de mon chef dans son hôtel.

— Alors, mon bon monsieur, comment m'y prendre pour arriver jusqu'à *Madame la marquise?*

— Il faut que vous lui écriviez pour la prier de vous recevoir, ou mieux, si vous avez quelqu'un qui vous protége, faites-le agir auprès de Mme la marquise, peut-être serez-vous reçue?

— Tout cela c'est bien long, mon cher monsieur, puis, je ne connais personne d'assez huppé pour m'introduire auprès d'une grande dame plus difficile à aborder que Sébastopol; pourtant je la connais votre maîtresse; la preuve, c'est qu'elle ma gentiment parlé, et le colonel aussi.

Le concierge examina Reine et fut surpris en voyant cette jeune fille si mignonne, si avisée, tenir bon, malgré tout pour voir sa maîtresse. Ayant aperçu une des femmes de service qui traversait le jardin, il lui fit signe d'approcher.

— Mademoiselle Virginie, lui dit-il, voilà une ingénue qui se recommande à vous pour tâcher de la faire parvenir auprès de Mme la marquise; elle a déjà l'honneur de la connaître, à ce qu'elle prétend. Voyons, mademoiselle Virginie, soyez complaisante. Un si petit minois mérite protection.

Mademoiselle Virginie, après avoir inspecté la jeune fille d'un air hautain et d'un œil d'envie, lui demanda son nom et ce qu'elle désirait de sa maîtresse.

— Je me nomme Reine Lebeau, la petite marchande de coco au Champ-de-Mars, et de *plaisirs* au parc de Versailles, et je désire parler à votre maîtresse.

— Peste! mademoiselle Reine Lebeau, avec de pareils titres, personne ne peut vous refuser.

La femme de chambre disparut, et, peu après, revint chercher Reine, en lui disant d'un air moqueur :

— Allons, la belle solliciteuse, suivez-moi.

Arrivée dans l'antichambre, Mlle Virginie fit signe à la jeune fille d'entrer. Reine s'avança jusqu'à la porte du salon restée ouverte, puis elle s'arrêta tout interdite. Ces lambris dorés, ces plafonds étincelants, ces étoffes de nuances merveilleuses, ces glaces richement encadrées l'avaient éblouie.

— Entrez, mon enfant, lui dit une voix d'une suavité enchanteresse.

Mais au moment de répondre à cette invitation bienveillante, elle s'arrêta de nouveau.

— Mais que faites-vous donc là, ma petite?

— Madame la marquise, c'est que, sauf votre respect, j'ôte mes chaussures pour ne pas gâter les belles fleurs de votre *tapisserie*.

Mme de C*** ne put retenir un éclat de rire, en lui disant :

— On ne fait point ces choses-là, Mlle Reine ; remettez vos souliers, on brossera le tapis.

— C'est que mes bas sont tout blancs, madame la marquise...

— Je n'en doute pas, mais, encore une fois, il n'est point d'usage, excepté chez les Turcs, de se déchausser en entrant dans un salon.

— Faites excuse, madame, je l'ignorais et je croyais bien faire. Si j'avais su qu'on se mît à pieds *déchaux* chez les vilains Turcs, je ne l'aurais pas risqué chez une si grande dame que madame la marquise.

— Eh! bien, que me voulez-vous?... Ah! je vous reconnais à présent, vous êtes la jolie marchande de *plaisirs* que Jules et moi nous avons vue à Versailles.

— Oui, madame, pour vous servir, répondit Reine en faisant la révérence.

— Il me semble, Mlle Reine, que c'est vous qui avez quelque chose à me demander et que c'est moi qui vous rendrai service, si cela m'est possible. De quoi s'agit-il donc?

— Madame, c'est que monsieur votre mari est le colonel du sergent Valentin Brice, mon prétendu.

— Et vous désirez que je le recommande, n'est-ce pas?

— Non, madame, pas comme vous l'entendez ; s'il mérite

d'avancer, il avancera; mais ce que je voudrais, c'est de savoir s'il n'est pas malade ou blessé, attendu qu'il y a six semaines au moins qu'il ne m'a pas écrit, et que je n'y tiens plus. Si madame la marquise avait la bonté de recommander qu'on le soigne, qu'on lui fasse voir l'aumônier et les bonnes sœurs, je serais moins en peine.

Et une larme brilla au travers de ses longs cils noirs.

— Pauvre petite, vous l'aimez donc bien ce prétendu?

— Oh! oui, madame!

— J'écrirai demain à Jules, et je vous promets de lui parler de M. Valentin Brice. Tout ce que je puis vous dire pour vous rassurer un peu, c'est que mon mari me mande que depuis l'Alma, il n'a eu ni malades, ni blessés dans son régiment.

— Merci, merci, madame, ce que vous me dites là me remet un peu de baume dans le cœur.

— Tant mieux, ma gentille enfant; mais c'est qu'un prétendu qui fait la guerre donne de grands soucis.

— C'est vrai, madame, qu'on tremble toujours pour le militaire qui se bat; mais je n'aurais jamais pu épouser quelqu'un dans le civil.

— Eh! pourquoi, Mlle Reine?

— Parce que je suis une enfant de la balle, parce que mon père est mort aux Invalides et que mon aïeule n'était ni plus ni moins que la mère Radis.

— Qu'est que c'est, bon Dieu! que la mère Radis, ma petite belliqueuse?

— Comment!... Madame la marquise!... Une si grande dame qui ne sait pas ce que c'est que la mère Radis! s'écria Reine étonnée.

— Non, en vérité, je l'avoue à ma honte et confusion, répondit Mme de C*** en souriant.

— La mère Radis! continua Reine, toujours sous l'empire de la surprise; une si fameuse cantinière, à qui Charles X a parlé!...

— C'est que je n'étais pas née quand ce malheureux roi et sa noble famille ont quitté la France.

— Tiens! c'est pourtant vrai, madame, que vous êtes bien trop jeune, et monsieur le colonel aussi, pour avoir connu ma grand'mère. Tout de même, monsieur votre mari, qui est dans l'armée, en aura entendu parler, j'en réponds.

— C'est possible; mais ne m'en veuillez pas trop, mademoiselle Reine, si la mémoire de votre aïeule n'est pas venue jusqu'à moi. Pour me réconcilier avec vous, je vais de suite m'occuper de M. Valentin Brice. Vous reviendrez me voir dans quelques semaines.

— Soyez bénie, madame, lui dit Reine avec effusion; vous êtes belle comme la Vertu et bonne comme la Providence.

Mme de C*** accueillit ce compliment avec une souriante aménité; puis, regardant plus attentivement la petite marchande de coco :

— Mon Dieu! qu'elle est jolie! s'écria-t-elle.

Reine fit un salut respectueux, et se retira tout enchantée de sa visite et même un peu rassurée sur Valentin.

M. et Mme de C*** descendaient d'une de ces anciennes familles qui souvent, à défaut de fortune, ont laissé à leurs héritiers une antique tradition d'honneur, de loyauté et de courage à laquelle ils sont restés fidèles; mais ici le prestige de la naissance était encore rehaussé par un riche patrimoine miraculeusement échappé aux rapines révolutionnaires. Du reste, M. et Mme de C***, à l'exemple de leurs ancêtres, faisaient de leur fortune un noble et généreux usage. L'union de ces deux êtres d'élite joignait à toutes les convenances sociales celles bien supérieures du caractère et des sentiments les plus élevés de l'âme.

Le marquis de C*** était un de ces hommes, rares aujourd'hui, qui, par de hautes et brillantes facultés, savent porter le poids d'une origine illustre et savent y ajouter.

Après quelques glorieuses campagnes en Afrique, où il avait fait pressentir de véritables talents militaires, il venait, quoique jeune encore, d'être nommé colonel et envoyé en Crimée. Il voyait devant lui s'ouvrir un plus grand avenir. Son départ inopiné troublait de nouveau l'heureuse existence de ces deux êtres si harmonieusement unis. Mme de C***, moins résignée et surtout douée de moins d'énergie que la petite marchande de coco, vivait dans d'incessantes perplexités ; elle supportait avec un mélange d'espoir et de terreur une séparation qui, selon les chances de la guerre, pouvait, ou cesser un jour, ou se fixer irrévocablement dans la mort. Aussi avait-elle compati aux vives sollicitations de Reine pour son prétendu, le sergent.

IX

LA PROTECTRICE.

Ainsi qu'elle en avait reçu la permission, la petite marchande de coco eut encore, au terme du temps prescrit, la faveur d'être admise près de Mme de C***. En entrant, le frais visage de l'orpheline rayonnait d'une double joie : le père Marcel lui avait remis une lettre de Valentin, et elle savait que la marquise venait d'en recevoir une de son mari, dans laquelle il était question du brave soldat. Non-seulement son colonel donnait de lui les nouvelles les plus rassurantes, mais encore il y joignait des éloges faits pour chatouiller le sentimental orgueil de la petite marchande du Champ-de-Mars. Mme de C*** les avait transmis à sa jolie protégée avec cette complaisante bonté qui tient à la sensibilité de l'âme et se plaît aux actions généreuses. A chaque courrier venu de Crimée, Reine était prévenue et demandée, et elle accourait tout émue d'une respectueuse et tendre reconnaissance pour la noble bienfaitrice de son cœur.

Les admissions devenues plus fréquentes, il était évident que la marchande de coco s'insinuait chaque fois davantage dans les bonnes grâces de la marquise. Le minois réveillé, l'air décidé, le franc babil de la jeune fille pleine d'originalité, l'amusaient comme un petit spectacle divertit parfois l'esprit fatigué d'un royal auditeur. L'amour de Reine pour Valentin offrait encore un cachet tout particulier qui n'était ni la timidité ni l'audace, mais c'était un sentiment chaste et hautement avoué. Enfin tout, jusqu'aux légères inconvenances que se permettait la petite ignorante, excitait l'hilarité de la jeune marquise. Mais ce n'était guère que les jours de courrier que ces accès de gaîté s'épanouissaient dans sa vie naturellement anxieuse et sombre.

Cependant Reine était enchantée de ses succès, et, dans son audacieuse naïveté, elle s'écriait en dirigeant son œil noir et malin sur sa protectrice :

— N'est-ce pas, madame, que la pauvre petite marchande de *plaisirs* sait vous amuser, et que ça vous fait du bien que je sois là ?

— Oui, mon enfant, vous avez raison, votre bonne et simple nature me plaît et m'intéresse.

— Oh ! je le sens bien ! Tenez, madame la marquise, quand ça ne serait que pour voir votre visage, qui est si beau, et vos yeux, qui sont si doux, je ferais des lieues pour venir tant seulement vous regarder. Et puis moi, j'aime votre air de grandeur ; c'est que ça me plaît aussi beaucoup. Si vous commencez à me parler, le son de votre voix me caresse comme si un petit souffle de vent me rafraîchissait quand il fait bien chaud.

Mme de C***, qui laissait parler Reine sans l'interrompre, était-elle flattée en secret de ces compliments, si vrais dans le fond et si vulgaires dans la forme ? c'est ce que nous n'oserons nier, encore moins affirmer. Néanmoins, ces relations, qui semblaient une étrange disparate, se renouvelaient assez souvent, car la grande dame et l'humble marchande de coco avaient entre elles plus d'un point de contact : un intérêt de même sorte aux mêmes lieux, des inquiétudes semblables produites par la même cause, c'est-à-dire la plus profonde des affections du cœur.

Pendant l'un de ces instants où Reine jouissait du plus bienveillant accueil, un valet de chambre vint demander à la marquise si elle voulait recevoir M. Ewinçart ; elle fit un signe affirmatif, et peu après on entendait gémir le parquet sous des pas lourds et retentissants. Un homme gros et court, au visage joufflu, coloré et jovial, apparut à la porte du salon ; son entrée fut accompagnée de nombreux saluts qui devinrent si profonds, que M. Ewinçart, parvenu près de Mme de C***, ne formait plus qu'une espèce de boule ressemblant à un de ces animaux qui ont la bizarre faculté de se replier sur eux-mêmes. Mme de C*** indiqua un siége vers lequel le gros homme roula pour s'y asseoir. Reine eut grande peine à ne pas éclater de rire en voyant pour la première fois ce ridicule personnage, mais le respect la retint ; elle se mordit les lèvres et détourna la tête. Quant au nouvel arrivant, il avait déjà braqué ses yeux francs-doubles sur le joli minois de la jeune fille ; celle-ci, lorsqu'elle le vit bien installé, se retira si discrètement, en se glissant derrière cette façon de gnome, que la marquise ne s'aperçut de sa disparition qu'en la cherchant pour lui dire : « A bientôt. »

M. Ewinçart, qui, malgré les révélations de son extérieur épais et grotesque, ne manquait ni de finesse ni d'intelligence, possédait aux environs de Paris une papeterie sur laquelle M. de C*** avait placé des fonds assez considérables, et l'époque du remboursement approchait. Quoique l'usine de M. Ewinçart fût en voie de prospérité, il frémissait à la seule pensée d'être bientôt obligé de distraire une aussi forte somme de sa fabrique, sa chère et glorieuse création. Aussi l'adroit industriel, qui savait Mme de C*** aussi bonne que désintéressée, venait-il la solliciter pour qu'elle obtînt de son mari la prolongation du placement pendant quelques années encore.

Bien qu'il pût compter quarante-huit ans au moins, M. Ewinçart ne s'était point marié, parce que, disait-il, le luxe des femmes l'effrayait, et que leur coquetterie le révoltait. Aussi, toutes les fois qu'on lui proposait un mariage, même avantageux, il s'écriait d'un air d'indignation :

— Bien obligé, vraiment! Afin, n'est-ce pas, de ruiner ma maison, mon commerce et moi-même! Des amis ne devraient pas me souhaiter un pareil désastre.

Et si on lui répondait que le parti était riche, la jeune personne charmante, il s'exaspérait de plus en plus :

— Absurde! absurde! répétait-il furieux. Une jeune fille, pour tout dévorer; riche, pour être exigeante, insatiable... Allez-vous-en tous avec vos mariages; je préférerais, je crois, la peste.

Et pourtant cet homme terrifié du joug conjugal n'était pas indifférent à la beauté; il avait remarqué Reine, et il résolut de perdre la pauvre enfant.

Une visite annoncée à la marquise, pendant que Reine et M. Ewinçart se trouvaient chez elle, avait mis la première en fuite; M. Ewinçart ne tarda point à la suivre. Il la rejoignit au moment où la grille s'ouvrait; ils sortirent ensemble, et cette grille se referma sur eux. Reine fit une demi-révérence à l'industriel, et passa devant lui avec la rapidité d'une flèche. M. Ewinçart se mit à sa poursuite; mais le moyen d'atteindre cette agile petite biche lancée! Il l'atteignit pourtant au détour d'une rue où un embarras d'omnibus, de fiacres et de diligences obstruait le passage.

— Mademoiselle! s'écria le poursuivant, vous volez comme un oiseau!

Reine se retourna, et lorsqu'elle vit M. Ewinçart d'un rouge violet, ruisselant de sueur et tout essoufflé, elle lui demanda s'il était malade.

— Non, je me porte à merveille; mais il est si difficile de vous rejoindre, qu'on en perd la respiration.

— Par exemple! qu'est-ce qui vous force à courir après moi? Me voulez-vous quelque chose?

— Certainement, Mademoiselle.

— Eh bien! qu'est-ce que c'est?

— Vous ne le devinez pas?

— Me prenez-vous pour une diseuse de bonne aventure, que vous me croyez capable de deviner ce que je ne sais pas? Quand vous me l'aurez dit, je vous répondrai.

— Je veux vous dire que vous êtes charmante.

— Et c'est pour me conter ces balivernes que vous vous êtes mis à galoper comme un cheval de course, que vous êtes hors d'haleine et rouge comme une apoplexie! En voilà bien une autre, à présent! Tenez, mon cher monsieur, retournez-vous-en chez vous au pas ordinaire, et laissez-moi passer. A votre arrivée, si vous n'avez pas trop chaud, je vous conseille de boire un bon verre d'eau fraîche.

Les embarras de voitures ayant cessé, la petite marchande de coco reprit sa course et disparut presque aussitôt, sans que M. Ewinçart, même en la suivant des yeux, eût pu deviner quelle rue elle avait prise.

Lorsqu'elle se retrouva chez Mme de C***, elle s'abstint de lui raconter son aventure avec M. Ewinçart, pour ne point le discréditer auprès d'elle; et comme Reine fut quelque temps sans que le hasard le lui fit rencontrer, elle finit par oublier et la poursuite et le poursuivant.

Il avait été malade de sa course forcée, et retenu chez lui pendant près d'un mois, ce qui explique son absence prolongée. Dès qu'il fut mieux, il retourna chez la marquise, mais il n'y rencontra plus la jeune fille.

X

LE TENTATEUR.

Les lettres de Crimée, moins rares et plus rassurantes, venaient de temps à autre remettre un peu de quiétude dans l'âme de Mme de C*** et quelque sécurité dans celle de Reine, car toutes les espérances semblaient lui arriver à la fois; son frère Lucien, qui depuis longtemps ne lui donnait plus signe de souvenir, lui avait récemment écrit pour lui annoncer une bonne nouvelle: ses travaux d'exploitation étaient terminés avec avantage, et il n'attendait plus qu'une occasion pour quitter la Californie et revenir en France.

— Revoir bientôt mon frère! me sentir plus tranquille sur Valentin!... quelle double aubaine la Providence m'envoie!

En prononçant ces mots si remplis d'avenir, son cœur bondissait de joie, et l'on eût dit que sa modeste chambre inondée de soleil, fleurie, embaumée, participait de sa vive gaîté. Dans son animation tant soit peu turbulente, Reine allait et venait sans cesse comme si elle eût voulu, par sa marche rapide, accélérer celle du temps. Puis, pour endormir l'impatience de l'attente, elle se créait mille occupations diverses : c'était sa fontaine, à laquelle ses agiles petites mains donnaient un éclat éblouissant ; c'étaient ses gobelets et sa petite sonnette, qui étincelaient au soleil. Ensuite elle plaçait à sa fenêtre son pot d'œillets, qu'un chaud rayon venait d'entr'ouvrir ; elle le soignait, l'arrosait, respirait avec amour l'odeur de ses blanches corolles, enfin elle lui parlait comme elle eût fait à l'absent qui le lui avait donné.

— Que tu deviens beau ! disait-elle à l'œillet épanoui ; tu embellirais la chambre d'un roi !... Mais garde tes fleurs pour quand il reviendra ; car c'est un amateur fini, que mon Valentin... Hélas ! quand reviendra-t-il ?

Et, avec la mobilité de l'enfant contrarié au milieu de ses jeux, elle riait et pleurait tout à la fois. Pauvre petite nature inculte, quel charme de poésie tes sentiments ne donnaient-ils pas, sinon à ton langage, du moins à tes actions pleines de grâces et de naïveté !

Un coup violent, frappé à sa porte, la fit tressaillir comme au jour du départ pour la Crimée elle avait tressailli.

— Ce n'est pourtant plus Valentin qui s'en va ; ce ne peut pas être lui qui revient, ni mon frère non plus... Qui donc ose frapper si fort ? Mon vieil invalide Marcel entre tout droit sans frapper. Ah ! mon Dieu ! il ne vient jamais personne... En vérité, je crois que j'ai peur.

Le marteau retomba une seconde fois, plus bruyant encore... Ouvrira-t-elle ? Elle hésite... Mais on était au milieu du jour ; il passait beaucoup de monde devant la maison ; elle se décida à aller ouvrir.

— Sapristi, m'avez-vous fait peur, monsieur Ewinçart ! Je vous prenais pour un voleur.

— Rassurez-vous, ma belle enfant, je ne veux rien vous enlever, et ce que je désirerais, votre amitié, vous ne voudriez pas me la donner.

— C'est plus que probable, monsieur Ewinçart. Mais à propos de quoi, ajouta-t-elle d'un ton résolu, venez-vous ici? Que me voulez-vous? Excepté un vieux soldat tout estropié qui vient me voir, je ne reçois pas d'homme chez moi.

— Ma chère demoiselle, ne vous offensez pas de ma présence; je serai votre père, et regardez-moi comme tel, je vous prie.

— Oui dà! les pères respectables ne se mettent pas à courir après les jeunes filles pour leur corner aux oreilles qu'elles sont jolies, et leur chanter un tas de quolibets dont elles n'ont que faire. Entendez-vous, monsieur Ewinçart?

— Mademoiselle Reine, vous avez bien raison, et j'avoue que j'ai eu tort; je vous en demande sincèrement pardon; une digne fille comme vous ne doit pas être traitée à la légère. Je viens donc, avec des intentions toutes paternelles, vous faire une proposition.

— A moi, une proposition!... c'est assez drôle. Allons, dites toujours.

— Vous le voyez, Mademoiselle, je ne suis plus de la première jeunesse...

— Pardine! je m'en aperçois bien.

— Quoique bien des mirliflores de vingt ans ne me vaillent pas.

Reine sourit avec malice.

— Je crois pouvoir affirmer que je suis un honnête homme, occupé des intérêts de son commerce...

— Qu'est-ce que ça me fait tout ce que vous dites là, monsieur Ewinçart?

— Attendez... vous n'avez pas la moindre patience, Mademoiselle Reine. Ne m'étant point marié, ma maison est mal tenue et souvent livrée à des mains infidèles.

— Pourquoi ne vous mariez-vous pas? interrompit-elle de nouveau. D'ailleurs, je n'ai pas besoin de savoir tout ça, moi.

— Si, vraiment. Ecoutez-moi jusqu'au bout, je vous en prie. Vous ayant vue chez Mme la marquise de C***, qui me porte intérêt et à vous aussi, il m'est venu l'idée de vous demander si vous consentiriez à tenir mon ménage, à diriger ma maison, dont les affaires m'éloignent trop souvent pour pouvoir exercer la surveillance du maître. Vos conditions seront les miennes. Qu'en dites-vous, mademoiselle Reine?

— Que pour rien au monde je ne voudrais accepter pareille chose.

— Eh! pourquoi donc?

— D'abord, parce que je ne veux pas me mettre en condition chez personne.

— Cette position de femme de confiance dans une maison comme la mienne vaut bien, il me semble, celle de marchande de coco au Champ-de-Mars, ou de *plaisirs* au parc de Versailles.

— C'est ce qui vous trompe, la marchande de coco et de *plaisirs* est libre de sa personne et de ses actions. Elle n'a pour maître que le bon Dieu et pour directeur que M. le curé. Puis, quand même je voudrais me placer, votre service serait le dernier que j'accepterais, monsieur Ewinçart.

— La raison, s'il vous plaît, Mademoiselle?

— Faut pas insister, voyez-vous; c'est inutile. Adieu, monsieur Ewinçart, ne vous arrêtez pas davantage, ce serait perdre votre temps.

— Comment, Mademoiselle Reine, vous me refusez avec cette dureté, et vous me renvoyez sans plus de cérémonie.

— Ni plus, ni moins; moi je ne m'amuse pas à faire un tas de *salamalecs*, je vais droit au but, et voilà.

En même temps, elle indiquait au solliciteur désappointé le chemin de sa porte qu'elle lui ouvrit toute grande. Au moment où il posait le pied sur le seuil du réduit, une pauvre femme, accompagnée de quatre petits enfants en guenilles, implora son assistance.

— Retirez-vous, fainéante, lui répondit-il d'une voix rude, la mendicité est interdite.

Reine sortit de sa poche une petite pièce blanche et la mit dans la main de la pauvre mère qui pleurait.

— Que faites-vous donc, Mademoiselle ? s'écria monsieur Ewinçart, vous violez la loi, et vous encouragez le vice.

— C'est bon, mêlez-vous de vos affaires, ça ne vous regarde pas si les pauvres donnent aux pauvres. Il n'y a guère que ceux-là qui s'entre-aident.

Et elle ferma sa porte presque sur les talons du riche industriel.

— Va ! vilain canoro, il ne lui manquait plus que cela, dit la jeune fille courroucée.

Cette fois, Reine n'eut rien de plus pressé que de faire connaître à Mme de C*** la proposition de M. Ewinçart, sans rien ajouter de plus.

— Vous avez bien fait de refuser, lui répondit la marquise ; malgré son âge, M. Ewinçart ne doit pas choisir une personne aussi jeune pour tenir sa maison ; la calomnie s'exercerait bien vite sur deux honnêtes personnes ; car je ne doute pas que M. Ewinçart n'ait des intentions droites et même généreuses.

— C'est possible, madame, mais je n'ai pas grande confiance en ses reliques.

— Oh ! oh ! ma mignonne, vous me semblez un peu soupçonneuse ; ce n'est pas bien ; il ne faut pas toujours mal augurer des gens, on serait vite en défiance contre tout le monde.

— Et l'on n'aurait pas si grand tort, que je crois, madame ; mais vous qui êtes comme une sainte que les mauvais anges n'approchent point, vous ne connaissez pas le mal.

— Pauvre petite orpheline ! s'écria la marquise avec une douce pitié, vous touchez encore à l'âge d'innocence et....

Il faut que vous ayez vu de bien tristes choses, pour que déjà vous soyez en garde et désabusée !... Quant à M. Ewinçart, je le tiens pour un digne homme.

Reine se garda bien d'insister, ne voulant pas faire tort à ce *digne homme* dans l'esprit de Mme de C*** ; mais en s'éloignant, elle se disait :

— Sont-elles heureuses celles-là qui n'ont rien vu, ni connu des abominations qui se passent dans notre monde à nous autres. Pauvre monde si mal éduqué !... Et puis souvent c'est la misère qui le pousse dans le genre vicieux. Pourtant... M. Ewinçart..... c'est savant, c'est riche, ça connaît le mal comme le bien.... Pourquoi donc qu'il choisit *au pire ?* Bah ! n'y songeons plus ; d'ailleurs, j'aurai bientôt mon frère Lucien pour me protéger.

XI

LE JOURNAL.

Ainsi, ce nuage poussé par un vent perfide dans le ciel net et transparent de l'orpheline, se dissipa comme s'évanouit au matin une légère brume sur le miroir d'un étang solitaire.

Avec cette activité qui ne supportait point l'inaction, Reine reprit ses habitudes un instant suspendues. Chaque jour de la semaine, on la revit soit au Champ-de-Mars, soit au bois de Boulogne, avec sa brillante fontaine de coco. Le dimanche, à Versailles, on la retrouvait portant sa corbeille remplie de *plaisirs* destinés aux joyeux enfants qui prenaient leurs ébats sur les vertes pelouses. Les grands marronniers n'étaient point oubliés. Dès qu'elle avait distribué ses fragiles friandises, elle allait se reposer sous les vastes ombrages où venait s'abriter aussi la foule des promeneurs ; mais elle y était seule, et la voix qui racontait, ne s'y faisait plus entendre. Ses regards errants cherchaient dans cette multitude, sans y trouver la moindre réminiscence... Quoi ! pas un visage dont elle eût le plus faible souvenir ! Quoi ! pas une oreille curieuse qui eût écouté

Valentin! Les amis qui formaient l'auditoire étaient tous partis avec lui!... Combien en reviendra-t-il? Combien.... n'en reviendront pas!...

Ces indifférents, qui passaient et repassaient devant elle et la regardaient avec complaisance, semblaient lui jeter comme une ironie de l'absence.

— Pourquoi donc qu'ils me regardent comme une curiosité? se demandait-elle intérieurement; qu'est-ce que j'ai pour qu'on ait l'air de se moquer de moi? Allons-nous-en d'ici; ne croirait-on pas que tous ces yeux me disent: Que fais-tu là?

Elle se leva impatientée et s'éloigna de ces lieux où tout gênait ses souvenirs, où tout l'empêchait de fixer sa pensée. Sitôt qu'elle se retrouva dans sa petite chambre, elle respira plus à son aise, et l'image de Valentin s'y reproduisit sans contrainte. Environnée des dons innocents de son fiancé, elle ne se sentait plus isolée; son œillet au parfum si doux, l'immortelle dont la blancheur n'était point altérée, la pieuse bague sur laquelle s'étaient déroulées tant de prières pour l'absent, s'animaient à ses yeux comme d'une mystérieuse existence; enfin, chaque objet qui venait de lui était *lui* pour elle.

Pendant que l'âme de la jeune fille se plongeait et se replongeait dans cet océan d'illusions, son ami, le vieil invalide, entra aussi précipitamment que pouvaient le permettre ses glorieuses blessures.

— Mamzelle Reine, mamzelle Reine, s'écria-t-il, c'est du fameux, allez! Vive le montagnard! Vive le beau chasseur Valentin! vive le soldat de Crimée!

— Quoi! qu'est-ce que c'est, père Marcel, dites! parlez! s'écria Reine éperdue.

— Tenez, lisez, Mlle Reine, et rejouissez-vous le cœur, répondit le père Marcel en remettant à Reine un journal, et il lui indiquait du doigt un paragraphe où il était question de Valentin Brice.

On lisait dans une lettre particulière insérée dans ce journal :

« A l'affaire d'Inkerman, un de nos drapeaux étant tombé aux mains des Russes ; généraux, colonels, officiers de tout grade se jetèrent dans les rangs ennemis pour leur arracher notre glorieux trophée. Beaucoup y perdirent la vie ; enfin, deux lieutenants s'y précipitent à leur tour, l'un d'eux a le bonheur de rapporter le drapeau, mais l'autre était tombé sur un monceau de cadavres ; au moment où un Cosaque allait achever le blessé, le sergent Valentin a reconnu son lieutenant ; se lancer foudroyant comme une bombe sur le colosse, le traverser d'outre en outre, charger sur ses épaules l'officier blessé fut plus prompt que les décharges de la mitraille qui pleuvait de toutes parts. L'intrépide sergent le rapporta aux ambulances où il reçut des secours qui le rappelèrent à la vie ; pas une de ses blessures n'était mortelle. C'était le lieutenant Flammant que Valentin Brice venait d'arracher à une mort certaine.

» Dans plusieurs occasions, ce même sous-officier, toujours au milieu des sanglantes mêlées, s'y était distingué parmi les plus braves. Déjà il avait reçu la croix pour sa belle conduite à la bataille de l'Alma. »

Plus tard, le lieutenant Flammant et son sauveur Valentin Brice entrèrent dans les voltigeurs de la garde pour de nouvelles actions d'éclat. Nous ne peindrons point l'orgueilleux bonheur de la petite marchande de coco, après la lecture de ces éloges si bien mérités par son cher Valentin, éloges *imprimés* encore et que tout le monde pouvait lire !... et dans sa naïve franchise vis-à-vis d'elle-même, ces paroles lui échappèrent involontairement.

— Il faut tout de même que Reine Lebeau ne soit pas si peu de chose pour qu'un si brave sergent l'ait choisie ! Je suis bien aise aussi que ce soit à monsieur Flammant, qu'il ait sauvé la vie ! C'est là une fameuse générosité !

S'étant retournée vers l'invalide qui semblait suivre sur son visage ses tumultueuses impressions, elle lui dit avec une tendre véhémence :

— Bien obligé, mon respectable ami, c'est presque toujours par vous que les bonnes joies m'arrivent. Que le bon Dieu nous garde votre jeune camarade, vous serez notre garçon de noce.

— Je l'espère bien comme ça, répondit le digne vieillard ; si je demande encore à vivre, mamzelle Reine, c'est pour vous voir tous deux réunis dans le mariage. Le pauvre invalide, qui n'est qu'un débris mutilé, n'a plus d'autre ambition sur la terre que votre amitié, mes chers enfants ! Ma patrie, je ne peux plus la servir... et pourtant, nom d'une bombe, ce qui me reste de sang dans les veines me pèse !...

Une larme roula dans les profondes cicatrices creusées sur les joues du soldat au cœur vaillant. Reine lui prit les mains, et, les serrant avec une piété filiale, lui répliqua d'une voix émue :

— Ceux qui ont servi le pays comme vous, mon cher homme, n'ont rien à regretter, rien à envier aux autres, le bon Dieu les a laissés sur la terre pour servir d'exemple et pour montrer à la jeunesse comment il faut supporter les sacrifices.

— Allons, Reine, vous êtes une bonne fille, dit encore le vieillard attendri.

Et il étendit ses mains mutilées sur la jolie tête de l'orpheline qui s'était inclinée sous cette sainte bénédiction. Comme il sortait, un des gens de Mme de C*** apportait à Reine, de la part de sa maîtresse, en ce moment aux eaux d'Enghien, le journal que l'heureuse jeune fille venait de lire. Cette attention de sa noble protectrice compléta les douces émotions d'une journée si féconde en faveurs providentielles.

Les grâces d'en-haut, versées avec prodigalité sur quelqu'un de nos jours disposent à la tendre piété les âmes reconnaissantes; aussi Reine voulut-elle consacrer le reste de cette bonne journée à visiter ses amies malheureuses, non pour leur confier ses joies, mais pour soulager leurs misères. Dans ce nombre d'infortunées se trouvaient une intéressante veuve et son fils pour lesquels la jeune fille avait imploré fructueusement la généreuse charité de la marquise.

XII

ENCORE M. EWINÇART.

Après sa visite consolatrice, la marchande de coco, l'esprit libre et léger, l'âme remplie d'une douce commisération, se glissait comme un petit oiseau entre les arbres des Champs-Elysées quand elle se trouva face à face avec monsieur Èwinçart... tous deux s'arrêtèrent!

— Comment, mademoiselle, on peut encore avoir la chance de vous rencontrer?

— Pourquoi non, je ne me cache point? la voie publique est à tout le monde, répondit-elle en riant.

— Vous ne m'en voulez donc pas?

— Non.

— Vous ne me fuyez donc pas?...

— Non.

— Vous ne me haïssez donc point?...

— Eh! non; tout ça n'est pas chrétien. Et puis, s'il faut vous le dire, je n'ai pas eu seulement le temps de songer que vous étiez du monde, monsieur Ewinçart.

— Cependant aujourd'hui, vous me semblez moins

cruel pour moi, votre humble et dévoué serviteur.

— C'est, voyez-vous, que j'ai l'âme en très-grande satisfaction, que je ne veux rudoyer personne... pas même vous, monsieur Ewinçart.

— Et quelle est cette grande satisfaction qui vous rend plus accessible aux pauvres humains, mademoiselle?

— Vous êtes bien curieux, et si c'est un mystère?... Qu'il vous suffise de voir que votre présence ne m'impatiente pas du tout, et vous comprendrez qu'un cœur content est un cœur pacifique.

— Oh! c'est superbe ce que vous dites-là, mademoiselle Reine. Serait-ce une lueur d'espoir que vous voudriez bien me donner?

— Espoir, de quoi, s'il vous plait?

— D'être bonne et sensible pour ceux qui souffrent.

— C'est selon, ma foi, ce qui les fait souffrir; mais voilà qu'il me vient une idée : dites donc, monsieur Ewinçart, puisque je suis en bonne veine, voulez-vous y contribuer pour votre part?

— Ah! si je le veux!... Je le désire de toutes mes forces! Parlez... Demandez, commandez... ordonnez; sur l'honneur, vous serez obéie.

— Dieu du ciel! Que de paroles défilées quand il n'en faut qu'une!

— Je vous écoute, mademoiselle Reine, répliqua monsieur Ewinçart d'un ton soumis.

— C'est que je connais trois ouvriers qui sont sans ouvrage, ce sont de bons enfants et de fameux travailleurs, monsieur Ewinçart, je vous en réponds. Il faut que vous les employiez à votre fabrique.

L'industriel fit une étrange grimace, se mordit les lèvres et balbutia quelques excuses.

— J'ai ce qu'il me faut d'employés; trop de bras nuisent plus qu'ils n'aident... il m'en coûterait pourtant de vous refuser, mais... vous comprenez, mademoiselle.

— Je comprends que vous avez donné votre parole de ne rien me refuser, monsieur Ewinçart.

— Vous êtes pressante, mademoiselle.

— Et j'exige... quand on m'a promis.

— Cependant si...

— Il n'y a pas de si... un honnête homme n'a que sa parole.

— Allons, il n'y a pas moyen d'éluder.

— Pas avec moi, je vous en préviens.

— Alors, envoyez-moi demain vos protégés, peut-on vous refuser quelque chose?

— A la bonne heure; merci, monsieur Ewinçart, la Providence vous récompensera. Adieu.

Puis, ayant repris ses vives allures, elle disparut comme un songe aux yeux de l'industriel.

Mais l'inconséquente jeune fille, dans sa disposition de tout bien accueillir, même M. Ewinçart, ne venait-elle pas de poser imprudemment le premier fil d'un réseau perfide, en contractant une sorte d'obligation envers celui contre lequel sa sagesse devait élever un mur de séparation infranchissable?... C'est ce que vous dévoilera l'avenir.

Reine, toujours sous le charme d'un sentiment d'orgueilleuse joie, écrivit à Valentin une lettre remplie de félicitations sur sa belle conduite; elle en était *toute fière*, lui mandait-elle, et de plus très-contente de ce qu'il avait sauvé la vie à M. Flammant, que bien à tort il détestait comme un rival, etc.

Le sergent Brice lui répondit que dans la terrible position où il se trouvait, il n'avait songé qu'à sauver son officier, et que depuis, il se sentait presque guéri de ses craintes :

« Ah! sandis! ajoutait-il, cela me récompense au-delà de mon mérite... Et, puis, je vous dirai en confidence, ma chère demoiselle Reine, qu'il est encore plus laid qu'auparavant. »

— Toujours la même lubie! s'écria Reine en éclatant de rire. Ce n'est pas vrai que M. Flammant soit si laid, à moins pourtant qu'il n'ait été défiguré par le Cosaque.

Moins d'une semaine après la rencontre de Reine avec M. Ewinçart, celui-ci entrait chez elle inopinément. D'abord elle fronça le sourcil, prête à se fâcher de cette audace, lorsque M. Ewinçart, plus embarrassé qu'il ne voulait le faire paraître, lui dit du ton le plus respectueux :

— Pardonnez-moi, mademoiselle, si j'entre ainsi chez vous, malgré l'exclusion dans laquelle je suis compris; mais j'avais hâte de vous exprimer mon contentement au sujet des hommes intelligents et laborieux que vous m'avez adressés. J'en ai renvoyé trois autres qui ne me faisaient pas la moitié de la besogne que me font ceux-ci. Vous m'avez rendu un véritable service.

— Eh bien, c'est un grand déboire qui m'arrive à présent... Voilà qu'en voulant faire du bien, j'ai fait du mal... C'est enrageant!... M. Ewinçart, c'est peut-être des pères de famille que vous avez mis sur le pavé? lui demanda-t-elle tout alarmée.

— Non, non, rassurez-vous, ils sont jeunes et point mariés; du reste, c'étaient d'assez piètres sujets, des paresseux tout au plus bons pour faire des conscrits qu'on met à l'engrais afin qu'ils aillent se faire tuer à la guerre, sans gloire ni profit pour eux, les niais!

— Ah! vous trouvez que les braves qui meurent pour leur pays sont des niais..., vous, monsieur Ewinçart?... Il est vrai qu'on a plus d'esprit quand on se met en sûreté derrière un moulin à papier. C'est tout profit... on a de quoi s'engraisser sans risques ni périls... Comme c'est courageux!

— Oh! ne vous fâchez pas, mademoiselle Reine: ce n'était qu'une plaisanterie fort innocente.

— Elle est jolie, la plaisanterie! répétez-la donc à l'un de ces braves troupiers que j'abreuve tous les matins, tenez, seulement à ce vieil invalide que voilà.

— Je m'en garderai bien; il ne faut blesser personne, même en plaisantant. Votre serviteur, mademoiselle; ce respectable vieillard a sans doute à vous parler, je lui cède la place.

M. Ewinçart, malgré son embonpoint quelque peu gênant pour la course, s'était éclipsé avec une incroyable promptitude; cependant l'invalide passait devant la maison de Reine sans avoir l'intention d'y entrer. Cette fugue amusa beaucoup la maligne enfant, qui se promit bien de saisir toutes les occasions d'exercer ses petites taquineries sur l'industriel. Il ne laissa point de lui en fournir un peu plus que de raison, peut-être; mais cette fille rieuse et sans calcul ne se refusait pas toujours au plaisir innocent qui s'offrait à elle. Comme M. Ewinçart ne manquait pas d'esprit, esprit plus léger que sa personne, il divertissait parfois sa piquante adversaire, qui, de son côté, n'était pas non plus dépourvue de certain babil pour riposter à propos.

Cependant l'invalide, qui voyait M. Ewinçart reçu chez la marchande de coco, en était fort intrigué; il ne savait que conclure de cette condescendance capricieuse que rien ne pouvait motiver. Comment cette fille de mœurs irréprochables avait-elle pu laisser un homme à projets suspects, qu'elle n'ignorait pas, s'introduire dans sa demeure?... Enfin, inquiet pour cette pauvre orpheline, qu'il aimait comme un père, il entra un jour chez elle avec un air sévère et triste tout ensemble; il s'assit et parut un instant suffoqué par ce qu'il voulait dire.

— Qu'est-ce donc que vous avez ce matin, mon vieux, que vous êtes tout blême et tout déconfit?

— Ce que j'ai?... un vrai chagrin, je ne vous le cache point, ma fille.

— Du chagrin! Seigneur, est-il possible? Du chagrin! qui donc en est la cause?

— Vous, Reine!

— Moi!

— Oui!... oui, vous!

— Qu'est-ce que je vous ai fait, grand Dieu?

— Rien à moi, mais à vous beaucoup de mal : entendez-vous?

— Tiens! c'est assez drôle que je ne le sente pas, ce mal!

— Tant pis, corbleu! mille fois tant pis!

— Ah! ça, père Marcel, vous voulez rire, sans doute : ne dirait-on pas que j'ai commis un crime, à vous voir solennel comme un président de cour d'assises? Expliquez la chose.

— Tenez, mon enfant, je vous dirai en toute franchise que ce M. Ewinçart, qui vient chez vous, peut vous faire du tort, et beaucoup, croyez-moi.

— Bah! Quelle farce! il serait mon père; il est plus laid que l'hippopotame du Jardin des Plantes; mais je le crois très-esprité, monsieur Ewinçart.

— Raison de plus pour lui interdire votre domicile. Une jeunesse, une orpheline encore, qui n'a personne pour l'arrêter quand elle marche dans un mauvais sentier, peut bien s'y perdre sans en prévoir tout le danger. Vous êtes trop gaie, trop jeune, trop légère, ma petite amie; ce ne sont pas là des préservatifs, entendez-vous.

— Dam! Tout ça c'est l'histoire de rire un peu à ses dépens; il n'y a là ni faute, ni danger que je sache.

— Mille bombes! Reine, vous n'êtes pourtant pas une ingénue qui n'a aucune connaissance; vous devez avoir cent fois plus de prudence qu'une autre, croyez-moi, *évincez* au plus vite l'Ewinçart qui déjà vous occupe, ce qui ne devrait pas être, même pour vous moquer de lui.

— Mais, père Marcel, je ne puis guère à présent le mettre à la porte sans motif, d'autant qu'il est le protégé de la marquise ; c'est qu'elle n'entend point raillerie sur le compte de cet individu.

— Reine, j'ai dû vous prévenir, reprit l'invalide ; il n'y a pas de doute que jusqu'à présent vous ne soyez une honnête fille, mais si vous continuez, le serez-vous toujours ?...

La jeune fille jeta un regard sombre sur le vieillard ; elle accompagna ce regard d'un geste qu'il ne put comprendre ; et tout à coup les yeux de l'orpheline se remplirent de larmes ; le paternel ami ne pouvant rien s'expliquer se retira avec la même tristesse qu'en entrant.

Soit faute de réflexion, soit insouciance, la petite marchande de coco ne semblait-elle pas s'être placée dans une situation au moins embarrassante ? Bien que les visites de monsieur Ewinçart ne fussent pas très-fréquentes, elles n'en continuaient pas moins sans qu'elle s'en inquiétât, malgré les remontrances du prudent invalide. L'industriel renouvelait ses sollicitations auprès de la jeune fille pour l'engager à venir diriger son ménage, mais elle s'y refusait toujours avec sa même fermeté.

— Mademoiselle, vous ne savez pas ce que vous dédaignez, lui répétait sans cesse monsieur Ewinçart. Vous seriez si bien sous mon toit paternel !

— Oui-dà ! Vous avez des airs paternels qui ne sont point des plus rassurants, monsieur Ewinçart, lui répliquait la fille railleuse et pénétrante.

— Croyez-vous que vous n'êtes pas beaucoup plus exposée seule ici, que sous la garde d'un sage protecteur ?

— Oh ! oh !... Mon protecteur à moi, c'est le Père des orphelines ; nous sommes en sûreté sous sa garde.

— Je n'en disconviens pas, mais vous êtes trop à l'étroit dans cette unique chambre ; j'ajouterai qu'il serait plus convenable que vous en eussiez deux.

— Je n'en vois pas la raison : mes moyens ne me permettent pas de me loger autrement.

— Ce rez-de-chaussée est humide, malsain, je vous l'assure, Mlle Reine.

— Est-ce que nous faisons attention à tout ça, nous autres? Si le local devient un brin humide l'hiver, ça sèche au soleil quand vient le printemps.

— Permettez, petite obstinée ; j'ai à vous proposer infiniment mieux que ce bouge réchauffé par le soleil...

— Eh bien, si je m'y plais, moi?

— Mademoiselle Reine, faites-moi la grâce de m'entendre, je vous en prie.

— Qu'à cela ne tienne, parlez.

— J'ai une maison, située au coin de l'esplanade des Invalides et de l'avenue de la Mothe-Piquet, où se trouve un petit logement assez gentil; depuis quelques jours, il est vacant; s'il vous convenait, il serait à votre disposition, ma chère demoiselle. Il se compose de trois pièces, ayant vue sur l'esplanade.

— Merci, monsieur Ewinçart; plus souvent que j'irai prendre un logement au-dessus de mes moyens!

— Allons donc! Vous savez bien qu'avec moi, qui m'honore d'être de vos amis, il ne faut point parler d'intérêts de ce genre.

— Par exemple! Est-ce que je souffrirais qu'on me loge gratis, moi!... Dites donc, monsieur Ewinçart, vous qui êtes si *regardant*, qu'est-ce qui peut faire que vous m'offrez pareille chose?

— Oh! je ne le serais pas avec vous, si vous y consentiez!

— C'est ce qui fait que je n'y consens pas.

XIII

UNE BONNE LEÇON.

Après maints et maints sophismes plus adroits les uns que les autres pour faire taire les susceptibilités de la pauvre orpheline, il essaya, pendant quelques visites faites de loin en loin, de cesser toutes ses maladroites persécutions. Cette dernière mesure lui parut amener quelques résultats plus satisfaisants ; Reine lui témoignait moins d'aigreur et de défiance. Un jour, il se présenta devant elle d'un air humblement respectueux.

— Eh bien! lui demanda-t-il d'un ton soumis, faut-il renoncer à vous rendre un léger service, tandis que je vous dois deux trésors dans les hommes intelligents que vous m'avez envoyés?

— Tant mieux! répondit-elle gaîment; je savais bien ce qu'ils vaudraient pour vous, ces bras de fer et ces cœurs de lion.

— Et vous vous refusez avec un orgueil mal placé à un échange d'obligation.

A ce reproche, fait d'une voix timide, Reine demeura

longtemps pensive, sans que sa mobile physionomie révélât rien de ce qui se passait en elle. M. Ewinçart, qui épiait ce silence avec anxiété, n'osait faire le moindre mouvement, dans la crainte de l'interrompre; car il s'attendait, non-seulement à un refus, mais à un congé définitif... Mais quels ne furent point la surprise, le ravissement, la joie suprême de l'industriel, lorsque Reine lui répondit :

— Tout de même, M. Ewinçart... j'ai réfléchi... je veux bien de vos appartements... on doit y être mieux que dans mon bouge, comme vous l'appelez. Au fait, vous êtes bien assez riche pour faire un petit sacrifice.

— Quoi!... Ai-je bien entendu?... Serait-ce possible?... Vous consentez!... vous acceptez! vous...

— Tiens! puisque je vous le dis, c'est que ça me convient. Il n'y a pas de quoi faire tant d'hélas et de soupirs.

— Ah! j'en deviendrai fou... c'est évident!

— Ne vous en avisez pas! j'ai peur, moi, des fous.

— C'est une façon de parler, Reine; soyez rassurée; Quand viendrez-vous embellir mon ancienne demeure?

— Dam! le plus tôt possible; seulement, j'y songe... comment pourrai-je garnir trois chambres, car je n'ai pas d'autres meubles que ceux qui sont ici?

— Ne vous en inquiétez pas; je loue la maison meublée, et vous y trouverez, j'espère, tout ce que vous pourrez désirer.

— C'est très-bien; alors, puisqu'il n'y a plus rien qui gêne, dans la huitaine, à partir d'aujourd'hui, j'irai, monsieur Ewinçart.

— A quelle heure?

— A midi, c'est la plus belle heure du jour.

M. Ewinçart se leva si prodigieusement ému, que ses grosses jambes fléchissaient sous sa courte personne...

— Tenez, voilà pour vous...

Et il jetait sur la table une bourse remplie de pièces d'or.

Les huit jours écoulés, comme midi sonnait à toutes les horloges, la marchande de coco, fidèle à sa promesse, se trouvait en face de la maison située au coin de l'esplanade des Invalides et de l'avenue de la Mothe-Piquet. Aussitôt qu'il l'aperçut, M. Ewinçart, qui, depuis le matin, épiait son arrivée, descendit les marches quatre à quatre, au risque de se rompre le cou, et la reçut au pied d'un joli petit escalier précédé d'un vestibule, le tout fraîchement peint en pierres de granit rose. L'heureux propriétaire tremblait en offrant la main à la jeune fille, qui ne l'accepta point et monta lestement avec assurance.

Arrivés au second étage, M. Ewinçart tourna un bouton de cuivre d'une brillante netteté ; la porte s'ouvrit, et il introduisit Reine dans une piece qui pouvait servir de salle à manger ; derrière, une cuisine se trouvait pourvue de tous les ustensiles d'usage. A la suite de la salle à manger, on entrait dans une chambre modestement meublée, mais qui n'était pas sans une certaine élégance. Un papier bleu céleste, des rideaux de Perse en harmonie avec la tenture, deux fauteuils, quelques chaises recouvertes de la même étoffe, une petite pendule sur la cheminée, deux flambeaux, deux vases à fleurs ; tout cela d'un fort bon goût, quoique simple, composait le mobilier de cet appartement, auquel il faut encore ajouter un vaste cabinet également meublé.

— Voilà votre demeure, tant qu'il vous plaira de l'habiter, dit M. Ewinçart en se frottant les mains ; vous convient-elle, charmante Reine?

— On ne peut pas mieux, car rien n'y manque. Savez-vous que tout ça c'est bien entendu, monsieur Ewinçart? Vous n'avez pas besoin de femme de ménage, vous en valez quatre.

En ce moment, un coup de sonnette retentit à la porte.

— Qui diable peut venir ici? dit M. Ewinçart, étonné, effrayé, horriblement contrarié.

— J'y vais! s'écria Reine.

— Non, non, mademoiselle Reine, je vous en conjure !

Mais déjà elle avait ouvert, et elle s'avançait accompagnée d'une pauvre dame veuve et de son fils, âgé de douze ans. A cette vue, M. Ewinçart, tout effaré, s'écrie :

— Quoi ! Qu'est-ce ? Que signifie... Que viennent faire ici ces...

— Taisez-vous, dit Reine en l'interrompant, et elle le poussa dans l'autre chambre... Ce sont les protégés de Mme la marquise.

— Qu'est-ce que cela me fait, qu'elle protége ces mendiants ?

— Je l'ai prévenue de ce que vous faites pour eux, que vous alliez les loger, et elle vous en remercie.

— Non, non ; qu'ils sortent à l'instant !

— Taisez-vous donc, vous dis-je, ou vous êtes perdu ! c'est elle qui les envoie.

— Je n'en veux pas !

— M. le marquis exige le remboursement, savez-vous ?

— Ah !... j'étouffe !

Reine alla chercher la pauvre veuve :

— Venez, madame, lui dit-elle ; remerciez bien monsieur ; c'est le plus charitable des hommes : voici le logement qu'il a fait préparer pour vous et votre fils.

La veuve fit quelques pas vers l'industriel, changé en un bloc de marbre de toutes couleurs :

— Courage, lui dit Reine bien bas ; madame la marquise doit écrire demain à son mari.

— Merci, notre bienfaiteur ! s'écria la pauvre mère, les yeux remplis de larmes. Mon fils, jette-toi aux pieds de ton sauveur et baise sa main bienfaisante.

L'enfant obéit, et, mettant un genou en terre, il se saisit de la main glacée de M. Ewinçart, qui la retira comme si des charbons ardents l'avaient brûlée. Il ne pouvait sortir aucun son de sa gorge serrée.

— Monsieur Ewinçart ! monsieur Ewinçart ! s'écria

Reine, parlez donc!... Quand on fait du bien comme vous, on ne devient pas muet.

— Misérable! murmura-t-il entre ses dents, tu m'as indignement joué!

La jeune fille, s'apercevant que la veuve était surprise de la pâleur et du silence de l'homme charitable, dit:

— Ce ne sera rien, ma chère dame; M. Ewinçart est sujet à des crises nerveuses quand il est trop attendri. Retirez-vous un instant pour ne pas trop l'émouvoir, cet homme sensible.

— Elle me raille encore, la perfide!... se dit M. Ewinçart, parvenu au dernier paroxysme de l'indignation.

— Alors, nous allons, mon fils et moi, chercher nos effets. Mademoiselle Reine, surtout soignez bien ce bon monsieur.

— Soyez tranquille, il sera traité selon son mérite. Allez, ma chère dame; j'attendrai ici votre retour.

Lorsque la veuve et son fils se furent éloignés, M. Ewinçart, voyant Reine seule, voulut s'élancer vers elle:

— Ah! tu es en ma puissance, fille intrigante et fausse... Tu vas voir ce qui t'attend.

— Osez!... lui répondit l'orpheline avec un grand calme, tandis que de ses yeux noirs jaillissaient des éclairs.

Un second coup de sonnette se fit entendre. M. Ewinçart se troubla de nouveau, devint plus pâle encore, et voulut retenir la jeune fille; mais, plus leste qu'un sylphe, elle avait ouvert avant qu'il eût fait quelques pas.

C'étaient le boulanger, le boucher et l'épicier qui apportaient force provisions.

— Voilà tout le fourniment qui arrive! s'écria Reine, enchantée d'une prévoyance qu'elle ne soupçonnait pas. Tout ça ce n'est pas pour moi, au moins, messieurs; c'est pour la pauvre dame et son fils que vous avez rencontrés, peut-être.

— Oui, mademoiselle, nous nous en sommes doutés,

car ils chantaient à qui mieux mieux les louanges de monsieur Ewinçart.

Mais cet avare mystifié, écumant de rage, se hâtait d'arriver dans la salle à manger.

— Un moment!... un moment, messieurs!... Tout cela est inutile à présent; remportez vos marchandises, il n'en est pas besoin... Emportez-les, vous dis-je! répéta-t-il d'une voix saccadée et gutturale.

— Dit' donc, not' bourgeois, avez-vous perdu la boule? Puisque vous avez payé les denrées, faut les garder.

— Mais j'ai changé d'avis; je n'en veux plus; votre maître me rendra mon argent.

— Tant pis! ça ne nous regarde pas.

— Puisque la dame ne veut point accepter!...

— Si, si, vraiment qu'elle accepte! affirma la petite marchande de coco d'un ton résolu.

— Non, non, vous dis-je! elle refuse, au contraire, répéta M. Ewinçart en frappant sur la table.

— Gare à monsieur le marquis! lui répétait la jeune fille.

— Qu'est-ce que ça nous fait? reprirent les fournisseurs; vous vous arrangerez avec elle et notre patron. En attendant, nous fournirons ici tant que nous aurons de vos bons à toucher sur votre caisse.

— Ils sont donc tous enragés!

— Vos serviteurs, monsieur Ewinçart. Tout de même, vous êtes fameusement charitable.

Les fournisseurs retirés, la colère de l'industriel éclata dans toute sa fureur:

— Fille maudite! s'écria-t-il, l'œil allumé, les dents serrées, toute la figure crispée; tu m'as volé, joué, assassiné!... Je ne sais ce qui me retient de t'écraser comme une vipère, âme sans honneur ni probité!

— Oh! oh! s'il vous plaît, je ne vous crains pas. Vous savez que d'un seul mot je peux vous broyer comme un fêtu de paille, monsieur l'industriel en toutes sortes de tromperies !

— Maudit serpent!...

— Silence!... Ne devez-vous pas avoir honte, vilain tentateur d'honnêtes filles pauvres? Ah! vous vouliez me perdre... tandis que moi, je vous oblige à faire une bonne action. Plaignez-vous donc!

— Mais c'est un affreux cauchemar!... Je chasserai cette odieuse femme et son magot de fils.

— Ne vous en avisez pas, ou je cours chez madame la marquise, je lui conte toutes vos infernales manigances envers moi. C'est elle qui vous chassera comme un chien enragé, elle écrira à son mari pour lui dire ce que vous êtes. Je ne lui laisserai pas non plus ignorer ce que vous savez bien... C'est qu'elle ne badinera point, monsieur Ewinçart! C'est moi qui vous tiens à présent.

— Oh! vous allez me perdre!...

— Non, si vous vous comportez comme il faut avec les protégés de madame la marquise, et que vous filiez doux devant moi, je ne vous vendrai pas; autrement, il vous faudra trouver la terrible somme avant que votre coup de fortune soit fait.

— Grands Dieux! dans quel guêpier je me suis jeté! Et ne pouvoir me venger!... Cette vipère peut me perdre!

En prononçant ces mots, il s'arrachait les cheveux de désespoir.

— Il ne fallait pas vous attaquer à Reine Lebeau, la petite-fille de la mère Radis, la fille d'un brave et la promise du sergent Valentin Brice qui vous écraserait comme un vermisseau.

Monsieur Ewinçart pâlissait de plus en plus et toute sa personne offrait l'image de l'abattement le plus complet.

— Tenez, j'ai pitié de vous voir dans un pareil état; vous êtes plus défait qu'un pendu! Retournez chez vous pour qu'on vous soigne.

Ayant ouvert la porte, elle l'entraina sur l'escalier. Comme un homme que l'ivresse aurait privé de sa raison et de l'usage de ses jambes, il descendit en chancelant; Reine le conduisit dans l'avenue; un fiacre venant à passer, elle lui fit signe de s'arrêter, et elle poussa le pauvre mystifié dans la voiture, referma la portière et dit au cocher :

— A Vaugirard, papeterie Ewinçart.

L'air, le mouvement, le remirent quelque peu; mais quand sa raison lui fut revenue, il fulmina, plein d'une rancune vengeresse, contre la jeune fille qui l'avait joué comme un sot.

Une autre scène l'attendait encore chez lui. A peine avait-il congédié son fiacre et posé le pied sur la première marche de son perron, qu'une grande femme et quatre petits enfants, tous habillés de neuf, accouraient au détour d'une allée, et, levant leurs mains au ciel, s'écriaient :

— Voilà monsieur Ewinçart!... Merci, not' bon monsieur. Mademoiselle Reine nous a dit que vous lui aviez donné de l'argent pour nous.

— Allez-vous-en promener !... cela n'est pas vrai.

— Oh! que si... nous le savons bien.

— Mensonge, vous dis-je.

— Nenni, nenni; la preuve, c'est qu'il nous reste encore deux belles pièces d'or, et que nous voilà tous avec de bons vêtements pour l'hiver. Allez, mes petits, embrassez le bon monsieur.

— Laissez-moi tranquille, vilains moutards!

— N'ayez pas de répugnance, mon charitable monsieur; c'est qu'ils sont bien débarbouillés, au moins!

— Je vous dis que je suis malade : retournez d'où vous venez.

— Vive monsieur Ewinçart! vive monsieur Ewinçart! répétaient en se rapprochant une centaine de voix.

Et en même temps les ouvriers de l'usine accouraient sur les pas de leur maître, en répétant plus haut encore :

— Vive monsieur Ewinçart, qui donne abri à la veuve et à l'orphelin et qui couvre la nudité du pauvre!

Alors six ouvriers taillés en Hercule, parmi lesquels se trouvaient ceux envoyés par Reine, se saisirent de l'industriel, le firent asseoir sur un brancard de feuillage, et le portèrent en triomphe aux alentours de sa vaste propriété.

Tout cela s'était fait avec une telle promptitude, qu'il n'avait pu s'en défendre; mais Dieu sait dans quel piteux état il se trouvait, n'osant pas risquer le moindre mouvement, dans la crainte de tomber de son char triomphal. Enfin, il fut ramené chez lui prêt à s'évanouir.

— C'est sans doute d'être porté qui vous a fait mal au cœur, not' maître. Pierre, va chercher un verre d'eau à la fontaine.

Tous les employés de l'usine s'empressèrent autour de lui, et l'un deux lui ayant glissé ces mots à l'oreille :

— N'est-ce pas que vous serez des nôtres, monsieur Ewinçart, et que si nous faisions l'émeute, vous vous mettriez à notre tête?

— Non, non, mes amis, je suis un homme d'ordre et de paix; ne répétez point de pareilles choses!

Et il tremblait de tous ses membres.

— Laissez-moi, mes enfants; je me sens très-fatigué.

Les ouvriers se retirèrent, et le malheureux se jeta sur son lit, où il invoqua le sommeil pour lui faire oublier, quelques instants, toutes les tortures de cette cruelle journée.

XIV

CHEZ LA MARQUISE.

Lorsque Reine se retrouva dans son nid de jeune fille, elle sentit son cœur se dilater d'aise et de bien-être.

— Si c'est là un bouge pour ce malotru d'Ewinçart, murmurait-elle en promenant le sourire de ses regards autour de cette petite chambre remplie de souvenirs, c'est, ma foi, bien plus charmant pour moi qu'un palais où il n'y aurait rien pour rappeler mon cher Valentin.

Et ses yeux s'arrêtaient avec complaisance sur la blanche immortelle, sur la bague où, matin et soir, elle déroulait ses prières pour l'absent livré aux chances si terribles des combats. Un peu avant le coucher du soleil, elle était encore plongée dans sa douce et sereine contemplation; l'entrée du vieil invalide vint l'en tirer. En le voyant, elle devint rouge de plaisir, et lui dit d'une voix impérieuse et tendre :

— Asseyez-vous-là, père Marcel, et regardez-moi bien en face.

Dès qu'il se fut placé à sa fantaisie, elle lui raconta le

tour qu'elle venait de jouer à M. Ewinçart. Rien ne saurait peindre l'étonnement joyeux qui soudain éclaira le visage sombre du vieux guerrier : ce fut comme le rayon qui perce le nuage.

— Bravo ! ma belle petite Reine, s'écria-t-il avec un paternel enthousiasme ; vous êtes plus avisée que toutes les cantinières passées, présentes et futures. L'avez-vous bien entortillé, la gobe-mouche ! Et moi qui avais des soupçons sur vous ! Par mon brûle-gueule, il faut me pardonner, mon enfant. A force de chercher à voir clair, je me rendais aveugle.

— Certainement, mon vieux, que je ne vous en veux pas, quoique vous m'ayez fait bien de la peine, allez ; mais vous avez cru agir pour mon bien. Vous ne connaissiez pas Reine !

— Non et non !... Je la connais à présent.

Le vieillard, tout ému, déposa sur le front de l'orphelin un baiser de père, et se retira aussi confiant que plein d'admiration.

Plus d'un mois après les scènes que nous venons de raconter, Reine se trouvait chez Mme de C***, qui avait reçu des nouvelles de Crimée, quand on annonça :

— Monsieur Ewinçart !

A la vue de la jeune fille, il se troubla tellement qu'il demeura comme cloué sur la place. La marquise lui fit le signe le plus gracieux, et lui dit :

— Venez, venez donc, monsieur Ewinçart ; il y a longtemps que je désire vous remercier de votre munificence envers ma pauvre veuve et son fils ; c'est un acte bien généreux, auquel ma petite Reine a contribué pour sa part, en vous les recommandant tous deux.

— Madame la marquise... je... vous... Vraiment... c'est...

Le pauvre homme fut pris d'une quinte de toux, qui, heureusement, vint à son secours.

— Que peut donc avoir monsieur Ewinçart, Reine, pour avoir l'air si troublé?

— C'est sa modestie qui embarrasse sa langue, madame la marquise.

— Que de délicatesse! et quel excellent homme! s'écria la marquise tout attendrie.

Mais l'excellent homme, qui voyait l'air goguenard de la jeune espiègle, ne put demeurer plus longtemps.

— Je vous demande mille pardons, madame la marquise, articula-t-il avec peine, je me sens indisposé; permettez que je me retire.

— C'est vrai, dit Reine, qu'il suffoque.

— Mon Dieu! sonnez, ma petite, pour qu'on lui apporte de l'eau sucrée et de la fleur d'oranger. Cela vous remettra, monsieur Ewinçart.

— Bien obligé, madame; ce ne sera rien; le grand air seul peut me remettre.

— Voulez-vous mon bras? lui demanda Reine.

Il se contenta de lui lancer un regard foudroyant, et sortit le plus promptement qu'il lui fut possible.

— Reine, c'est un bien digne homme! Comme il a commodément logé la pauvre mère et son fils; et tout ce qu'il leur donne encore!

— C'est vrai, madame, que ces bonnes gens ont tout ce qu'il leur faut.

— Ce généreux homme serait-il sérieusement malade, Reine?

— Non, madame la marquise; c'est des étouffements de trop d'embonpoint qui le prennent quand il a trop marché.

— Ah!

Rien ne venant plus contrarier les habitudes laborieuses de la marchande de coco, elle continuait de débiter son innocente tisane aux frères d'armes de Valentin. Tout semblait donc prospérer pour l'orpheline; son cœur se remplissait d'une vive espérance pour ceux qu'elle aimait;

son frère ne devait point tarder à revenir; la guerre de Crimée touchait à son dénouement; on s'attendait chaque jour à recevoir la nouvelle de la prise de la tour de Malakoff : Reine n'avait plus rencontré l'industriel, mais elle avait appris qu'il venait de faire un coup de bourse magnifique.

— Tant pis, se dit-elle, s'il est devenu si riche, il ne craindra plus personne. C'est qu'il m'a menacée de se venger... Bah!... il aura de la peine à m'attraper... je suis joliment plus fine que lui.

Malgré ses menaces, un temps considérable s'écoula sans qu'elle entendît parler de monsieur Ewinçart.

— Je l'ai tant vexé! pensa-t-elle; à présent qu'il doit me détester, il n'aura guère envie de me poursuivre.

C'est ainsi que Reine cherchait à se rassurer; elle en vint même à bannir de sa pensée le souvenir de cet homme méprisable.

XV

UN JOUR DE FÊTE.

On touchait à la fin du printemps qui, cette année, avait dépassé toutes les descriptions embellies par l'imagination des poètes. Aux environs de Paris, ce n'étaient que fêtes villageoises, parties de plaisirs, divertissements variés. Aujourd'hui, c'est au Val-Fleuri que les jeunes filles, radieuses comme cette saison d'épanouissements, volent prendre leurs ébats dans les campagnes et foulent de leurs pieds impatients les vertes pelouses. Bientôt les berges se peuplent de groupes joyeux qui font retentir les airs de leurs gais refrains; la gaze, la mousseline, les écharpes de toutes nuances s'enflent au moindre souffle et s'attachent parfois aux ronces des buissons. Les robes blanches ressemblaient au loin à des gerbes de lis voltigeant à travers les clairières des bois; enfin le Val-Fleuri, cette oasis semée de légers ombrages, s'émaillait de toute la foule bigarrée de couleurs et d'ajustements pittoresques.

Reine, qui avait cédé aux sollicitations d'une de ses amies, assistait à cette fête et prenait sa part des amusements champêtres. La jolie marchande de coco était toute pimpante avec sa robe rose et son petit bonnet à barbes orné d'un œillet blanc sur l'oreille. Cette fois, la fontaine était restée suspendue au mur de sa chambre.

Soudain, le ciel se fait sombre, le soleil disparait, le tonnerre gronde, de larges gouttes de pluie tombent; le vent s'élève, l'orage est arrivé dans toute sa furie. En une seconde, orchestre, musiciens, danseurs, danseuses s'éparpillent pour chercher un abri contre cette subite ondée qui les submerge.

Comme une colombe dont les ailes ne sont point encore assez mouillées pour ralentir son vol, Reine se met à fuir de toute rapidité vers son nid à couvert, mais bien loin encore. Séparée de sa compagne par la foule éperdue, elle courait seule dans la traverse qu'elle avait choisie pour abréger le chemin. Depuis quelques instants, des pas de chevaux et un grincement de roues dans les ornières se faisaient entendre :

— Ce n'est pas pour moi, se dit-elle sans ralentir sa course.

Mais les bruits augmentaient en se rapprochant. Le ciel était de feu et d'eau ; Reine reprend haleine et se retourne ; malgré des torrents de pluie, elle entrevoit comme d'étranges fantômes qui s'avancent péniblement. A la lueur d'un éclair, elle a pourtant cru distinguer en formes vagues, chevaux, cocher, voiture qui sembleraient la suivre... et qui la suivent... qui s'efforcent de l'atteindre et qui l'atteignent, la devancent, et tout à coup s'arrêtent en lui barrant le passage : elle cherche une issue, mais la peur qui l'étreint diminue ses forces. Pas un sentier, pas un arbre, pas un buisson pour la dérober au danger qui la menace : nulle possibilité de fuir à travers les champs inondés où elle eût trouvé son salut peut-être... Que faire? Que devenir?...

— Ha!...

Deux hommes, ainsi que deux éperviers prêts à fondre

sur leur proie, sont là devant la pauvre petite qui demeure immobile, glacée, et comme fascinée sous leurs desseins criminels. Quatre bras vigoureux la saisissent et la jettent dans la voiture ; un de ces hommes remonte sur le siége, l'autre se place silencieux auprès de la jeune fille ; puis la voiture se remet en marche, reprend la grand'route... Et fouette cocher... Les chevaux sont au galop.

Reine, blottie dans un coin, ne dit mot, retient sa respiration pour mieux entendre, ouvre ses grands yeux allumés de sa colère, afin de démêler les traits du misérable qui la privait de liberté. L'examen n'est pas long ; une faible lueur a suffi pour qu'elle reconnût le vindicatif Ewinçart.

— Je ne lui aurais pas cru cette audace ! murmura-t-elle à voix basse.

Alors, plus prompte que l'éclair qui lui a dévoilé le traître, de ses petits doigts d'acier, elle brise une des glaces de la voiture et fait voler l'autre en éclats ; mais une lourde et large main l'arrête et se pose sur sa bouche pour empêcher ses cris d'être entendus. On approchait d'une barrière assez vivement éclairée. Cette barrière fut tournée avec autant d'adresse que de célérité et les chevaux lancés prirent le sentier d'un bois en ce moment solitaire comme une forêt du Nouveau-Monde.

— Ah ! ah ! petite diablesse, s'écria monsieur Ewinçart, je savais bien que tu ne m'échapperais pas !... Maintenant nous verrons !... nous verrons !

— Oui ! oui, osez !... Je vous en défie. J'ai avec moi plus fort que vous, et qui me défendra ? répliqua la jeune fille, en élevant au ciel un regard plein de foi et de confiance.

— Mon Dieu ! mon Dieu ! quel vent ! quel froid ! J'avais chaud, et je grelotte ; la pluie me traverse ; je vais gagner un catarrhe, une fluxion de poitrine, avec ces glaces brisées ! Tu me le paieras, méchante fille !

— Beau dommage, vraiment, ce serait justice du bon Dieu !

La voiture venait de sortir du bois, et commençait à rouler sur un sable fin entre des massifs d'arbres verts. L'orage apaisé, le ciel était redevenu serein, les étoiles scintillaient dans un azur épuré, quelques muets éclairs traversaient encore de temps en temps l'horizon en irisant les gouttes de pluie qui tremblaient aux extrémités des branches de pins. Arrivés à la grille ouverte de l'usine Ewinçart, les chevaux suivirent quelques instants les ondulations d'une allée qui bordait la prairie, et s'arrêtèrent au bas du perron où naguère nous avons vu l'industriel porté en triomphe. Ses complices lui venant en aide, ils enlevèrent de la voiture l'infortunée, et, malgré l'énergie avec laquelle cette pauvre orpheline se débattait entre leurs mains, elle fut portée et déposée dans un vaste salon où l'indigne ravisseur la laissa livrée à ses réflexions cruelles. Après qu'il eut fermé la porte à double tour, elle l'entendit descendre, et peu à peu ses pas, qui firent longtemps craquer le sable, lui apprirent qu'il s'éloignait dans le parc.

Se voyant seule, un rayon d'espérance ranima ses forces et son courage. Elle se précipita vers une fenêtre, l'ouvrit, et d'un œil avide mesura la profondeur; mais l'étage était trop élevé au-dessus du sol pour oser le franchir : il lui fallut renoncer à ce moyen de salut. Ses mains mignonnes essayèrent ensuite d'ébranler la serrure : hélas! elle comprit aussitôt l'inutilité de cette nouvelle entreprise; elle l'abandonna.

— Mon Dieu! mon Dieu! s'écria-t-elle désespérée, ayez pitié de moi! Ah! sauvez votre enfant! Mon pauvre Valentin, si tu me savais sous la griffe d'un Ewinçart, sans pouvoir venir à mon secours!

Elle se mit à fondre en larmes, à pousser des sanglots; puis, par un de ces éclairs qui jaillissent souvent des âmes les plus simples et les illuminent soudainement, elle se sentit rassurée :

— Non... non... se dit-elle, c'est impossible! Mon bon ange me délivrerait plutôt lui-même.

Un peu calmée par cette pieuse confiance, elle alla s'asseoir en face d'une fenêtre, d'où elle contempla longtemps le ciel étoilé et l'horizon paisible; alors son cœur se remplit d'amertume :

— Je regrette l'orage, murmura-t-elle en soupirant.

Ensuite, détournant ses regards humides, elle les reporta sur le lieu où elle se trouvait au pouvoir de l'homme qu'elle détestait le plus au monde. Elle se mit à examiner les objets dont elle était environnée; à la clarté de la lune, ses yeux, bien que voilés de pleurs, furent surpris de la richesse de cette demeure. Tentures, meubles, glaces, ornements miroitaient aux pâles rayons dont ils étaient inondés. Une table artistement sculptée occupait le milieu du salon, et l'or des porcelaines étincelait sous la lumière argentée qui baignait leurs coupes élégantes. Un instant, Reine fut éblouie de tout ce luxe qu'elle n'avait encore vu que chez la marquise de C***.

— Est-il riche, ce méchant homme, plus laid cent fois que les deux magots qui branlent la tête sur sa cheminée! dit la pauvre captive pleine d'indignation.

Quant à lui, pendant que sa victime faisait avec dépit l'inventaire de ces coûteuses inutilités, il explorait sa fabrique pour s'assurer que tous les ouvriers en étaient absents. Certain de la solitude qui régnait à cette heure avancée du soir dans toute l'étendue de sa propriété, il retournait vers son habitation en toute joie et toute sécurité, ruminant à loisir ses projets de vengeance. Comme il arrivait au bord d'un large ruisseau qui allait se perdre sous un pont rustique, voilà qu'un bruit strident a frappé son oreille et suspendu sa marche audacieuse... Quel fracas retentit autour de sa demeure, et vient le plonger dans de chaudes alarmes? Sa prisonnière aurait-elle trouvé le moyen d'appeler au secours?... Mais qui donc peut venir?... qui vient la délivrer?... Effrayant problème à résoudre!... Le vacarme redouble; le ravisseur n'ose avancer.... son sang bouillonne et lui reflue au cerveau; des bruits imaginaires se mêlent à ceux qui ne sont que trop réels; le vent s'élève en tempête, et les dénature encore.

— Est-ce bien de la maison que vient ce vacarme? se demande-t-il, ou des malfaiteurs se seraient-ils introduits dans l'usine?

Tout cela devient si étrange, qu'un plus intrépide eût hésité à poursuivre. Assailli de vives inquiétudes, il se cache dans l'épaisseur d'un sombre massif. Il écoute... il attend... cherchant à deviner... toujours les mêmes bruits inexpliqués! C'est à en perdre la raison!... Cependant, il a beau demander aux clartés douteuses de la nuit si quelqu'un sort de sa demeure, il n'aperçoit aucune ombre fuyante. Il se penche hors des buissons touffus, avance la tête avec prudence... examine encore... pas une fenêtre n'est ouverte. Il cherche à voir si quelque main libératrice n'essaie pas de briser la porte vitrée du vestibule: cette porte lui semble intacte et close... Ses regards examinent les abords de la maison... solitude partout... nul pas, nul souffle humain ne se trahit de ce côté.

— Oh! oh! des voleurs exploitent ma fabrique, c'est certain, se dit-il, la terreur dans l'âme. Et j'ai renvoyé tout mon monde, jusqu'à mon cocher! Que puis-je opposer seul à ces brigands?... Ils sont en nombre, sans doute... Diable! ils vont tout dévaliser... Quel contre-temps affreux!... Allons! courage!

Et ses dents claquaient les unes contre les autres.

— Rentrons furtivement dans la maison... là, je me barricaderai à soutenir un siége.

Alors, avec une résolution désespérée, il se glisse comme un oiseau nocturne entre les grands arbres groupés le long des prairies, et, protégé par les ombres, il gagne sa maison, se hâte de s'y introduire, ferme les doubles portes d'entrée, allume gaz, lampes et bougies, illumine presque toutes les pièces de l'étage supérieur, et se dit fort judicieusement :

— Ils se sauveront à l'aspect de tant de lumières.

Et prenant un flambeau, il se rue comme un bélier sur la porte du salon où il avait enfermé la petite marchande de coco.

XVI

LES POTS CASSÉS.

A peine a-t-il touché le seuil de cette prison splendide, qu'il demeure pétrifié sur la place, muet, livide, agité de mouvements convulsifs. Ses yeux hagards roulent dans leur orbite agrandie, et menacent d'un orage plus violent que celui qui a favorisé son crime.

C'est que la captive, révoltée de ces magnificences, fruit peut-être des rapines du misérable industriel, avait pris une à une les belles porcelaines du guéridon, et les avait lancées dans les vitres, dans les glaces, sur les tentures, sur le parquet, où elles gisaient en morceaux. Au moment où M. Ewinçart entrait et s'arrêtait stupéfait, elle se saisissait d'une superbe pendule de Sèvres, qu'elle se disposait à mettre également en pièces, si, malgré son effroi, l'industriel n'était venu à temps pour arrêter les mains meurtrières de la marchande de coco.

A la vue des précieux débris amoncelés par terre, à la rapide inspection qu'il fit de tant de pertes irréparables, il fut saisi comme d'un vertige, et se prit à crier de toutes ses forces :

— Au voleur! au voleur!... à l'assassin!

Mais comme il avait éloigné tous ses serviteurs, personne ne répondit à son appel. Puis, jetant encore un regard furieux sur le salon jonché de ruines, il se précipite vers la jeune fille, faisant un geste menaçant:

— Comment, grossière créature, tu as eu le cœur de détruire tant d'objets précieux! C'est horrible! Tu es une misérable, une voleuse!...

— Halte-là, monsieur l'industriel! C'est vous qui êtes un voleur d'honnêtes filles, après avoir volé le monde pour vous faire riche... Tenez; ce ne sera pas la dernière...

Et saisissant une ravissante petite tasse, elle la fit voler en éclats avant que M. Ewinçart eût pu la retenir; et comme elle continuait, l'industriel, au dernier degré de la fureur, la repoussa violemment jusqu'à la porte du salon:

— Va-t'en! va-t'en, maudite! Je suis ruiné!... Sors, ou je vais t'étrangler sur l'heure!

Néanmoins, il s'était placé devant elle pour l'empêcher de fuir.

— Non, non, tu ne sortiras pas d'ici! J'apprendrai à la marquise, à tous ceux qui te connaissent, que...

— Vous avez enlevé une pauvre fille, interrompit-elle avec véhémence, une orpheline sans défense, qui n'est pas majeure encore.. ce qui vous mènera tout droit au bagne, monsieur Ewinçart.

— Au bagne! au bagne, moi!... Et qui te croira, petite misérable? Où sont tes témoins?

— Dans le ciel, malheureux païen!

— Et puis encore ici, Mlle Reine! s'écrièrent plusieurs voix ensemble, en même temps que des pas lourds se faisaient entendre sur l'escalier.

Au même moment, trois hommes entraient et se rangeaient près de la pauvre petite marchande de coco.

— Je suis perdu! articula-t-il d'une voix sourde, en s'affaissant sur lui-même.

— Oui, oui, nous vous servirons de témoins, mam'zelle Reine, vous, la plus sage des jeunes filles. Nous connaissions le guet-apens; nous nous tenions bien cachés, tout prêts à vous servir. Nous nous amusions joliment, allez, en vous entendant casser toutes les porcelaines de là-haut.

— Merci, mon Dieu! vous aviez entendu ma prière, et je comptais sur votre secours. Merci, mes braves gens; vous serez bénis pour votre bonne action.

— Ils avaient écouté aux portes, les traitres! ils s'étaient cachés dans ma maison! dit ce misérable, cruellement désappointé.

— C'est vrai, M. Ewinçart, que nous avons écouté partout; nous en avions entendu assez pour être mis sur la voie; ce qui fait que l'autre soir, quand vous complotiez la chose avec Pierre le cocher, mon camarade était blotti derrière le coffre à avoine, et il nous a tout rapporté. C'est que, si mam'zelle Reine le veut, nous vous dénoncerons pour rapt de mineure, M. Ewinçart.

Le coupable, se levant éperdu, se jeta aux pieds de l'orpheline pour implorer sa clémence:

— Ah! Mademoiselle, lui dit-il d'une voix brisée, je ne voulais vous faire aucune peine, sur l'honneur. Vous m'aviez joué un tour, j'ai essayé de vous le rendre, et rien de plus, je vous le jure.

— Vous avez joliment choisi la représaille, monsieur le ravissseur!

Alors il se retourna vers les ouvriers (c'étaient justement ceux que Reine avait placés chez lui), et, cherchant à les apaiser:

— Mes amis, mes bons amis, je vous ai toujours bien traités, bien payés: je doublerai vos journées, s'il le faut... Demandez-lui de se taire, de ne pas m'accuser, de ne point me déshonorer: je jure qu'elle n'aura plus jamais à se plaindre de moi.

— Dam! monsieur Ewinçart, nous ferons ce qu'elle

voudra ; ce n'est pas votre argent qui nous tente, au moins.

— Non, mes amis; mais elle est si bonne!...

Et il joignait les mains en suppliant.

— Etes-vous petit, mon pauvre monsieur! lui dit Reine avec un souverain mépris. Vraiment, vous me faites pitié !...

— Eh bien! soyez généreuse, ne me perdez pas!...

— Allons, je ne me vengerai point, si vous promettez de me laisser tranquille; mais que je ne vous retrouve plus sur mon chemin... entendez-vous?... ou bien... Vous êtes assez puni par la peur et par la honte, pour cette fois.

A ces mots, un rayon d'existence ranima les traits bouleversés de M. Ewinçart; mais lorsque ses yeux tombèrent sur les débris qui jonchaient l'appartement, il ne put retenir un geste de désespoir et de colère. Reine se mit à rire, et comme elle se disposait à suivre les braves ouvriers qui lui avaient offert de l'accompagner jusqu'à sa demeure, elle revint sur ses pas et dit :

— Monsieur Ewinçart, quand vous n'aurez rien de mieux à faire, vous vous amuserez à ramasser tous ces tessons... ça se recolle... il y a des recettes pour ça.

Ce fut toute sa vengeance.

XVII

RETOUR DE LA CALIFORNIE.

Le lendemain de cette scène tragique au début, et à la fin devenue presque burlesque, les camarades de Valentin demandaient à la marchande de coco, en la voyant pâle et changée, ce qui lui était arrivé pour qu'elle fût restée deux jours sans venir au Champ-de-Mars.

— J'ai été un peu malade, mes bons amis, leur répondit-elle; mais demain il n'y paraîtra plus.

Encore brisée du terrible assaut qui avait succédé à une journée de fatigants plaisirs, elle quitta la plaine des manœuvres plus tôt que de coutume. En rentrant dans son paisible réduit, elle trouva le père Marcel qui l'attendait impatiemment; il tenait une lettre que le facteur venait de lui remettre pour elle. Dès qu'ils furent entrés, Reine s'empressa d'ouvrir cette lettre; mais à peine en eut-elle parcouru les premières lignes, qu'elle se mit à battre des mains, et qu'elle sauta au cou de l'invalide, en disant:

— Merci, mon vieux, c'est toujours vous qui m'apportez les bonnes nouvelles!.... Ah! j'en étouffe!.... Lucien, mon frère, arrive aujourd'hui, ce soir peut-être... Allons-nous être heureux de nous retrouver ensemble, après avoir été tant d'années si loin l'un de l'autre!... Ah! si Valentin était ici, la fête serait complète.

— Tant mieux, ma fille, si je suis un bon messager, lui répondit son vieil ami tout ému; il faut espérer que j'aurai bientôt une autre arrivée à vous annoncer. Les choses avancent là-bas; on touche presque la coquine de forteresse; nos intrépides ne la manqueront pas.

— Pauvre Valentin! dit-elle, en passant de la joie à la tristesse, que le bon Dieu l'aide et le garde!

Ce soir même, Lucien et Reine se tenaient embrassés dans une étreinte fraternelle où se confondaient silencieusement leurs larmes et leurs soupirs; car il n'y a point de paroles dans ces courts instants de bonheur.

Après qu'ils eurent pris le souper du retour qu'une sœur prévoyante avait soigneusement préparé, ils se livrèrent sans contrainte aux doux épanchements du cœur dont ils étaient frustrés depuis si longtemps. Néanmoins, quel que fût le charme que tous deux éprouvaient, Reine trouva son frère tellement exténué d'un si long voyage, qu'elle l'engagea tendrement à se reposer de ses grandes fatigues. Et pour la première fois depuis tant d'années, ils échangèrent un bonsoir qui leur promettait de se renouveler désormais.

L'orpheline ne se sentait point d'aise en se retrouvant sous le même toit que son frère. Toute cette nuit, elle dormit peu et pria beaucoup. Mais le matin, lorsqu'elle revit le voyageur en pleine lumière, elle poussa un cri douloureux. Lucien n'était plus que l'ombre de lui-même; son visage, coloré la veille par de vives émotions, avait repris une teinte livide et maladive, ses yeux animés pendant la soirée des tendres épanchements, ses yeux étaient redevenus ternes et mornes.

— Seigneur, mon Dieu! lui demanda Reine d'une voix tremblante, es-tu donc bien malade, que tu es si changé?

— Oui Reine, je le crois ; j'ai fait un si rude travail que j'ai usé mes forces, et puis l'air des mines ne m'a pas été non plus favorable ; mais je me remettrai au bon air de notre pays. D'ailleurs, tes soins tous seuls me guériraient.

— Est-il possible que pour attraper quelques écus, tu te sois mis dans un état pareil?... Sais-tu que c'est quasi un péché, Lucien!

— Bah ! un péché ! Tu ne sais pas que nous sommes riches, ma mignonne.

— Ça m'est bien égal ma foi, si c'est aux dépens de ta santé; je n'aime pas qu'on sacrifie son corps et quelquefois son âme à la richesse.

— Reine !

— Lucien!

— Regarde.

— Quoi?

— Ce coffre.

— Eh bien !

— Quatre cent cinquante mille francs y sont renfermés.

— Ah! c'est ta maladie qui est là-dedans, Lucien.

— C'est vrai, mais la fortune me rendra la santé.

La marchande de coco secoua la tête et, le cœur serré, détourna les yeux du coffre. Cependant, il lui fallut, malgré tout, profiter des labeurs homicides de son frère. Quelques jours après, Lucien et sa sœur habitaient une jolie maison à Passy. Les quatre cent cinquante mille francs étaient placés sur la rente, et le Californien semblait reprendre à la vie dans cette position aisée où rien ne lui manquait, ni les bons médecins, ni le repos, ni les tendres soins d'une sœur.

En apprenant à sa noble protectrice le retour de Lucien et de quelles faveurs la fortune l'avait comblé, Reine pleurait, car elle voyait bien que son frère était gravement malade, et dans ses anxieuses appréhensions, elle regrettait son humble réduit, sa fontaine de coco, son modeste commerce. Combien elle aurait préféré ses petits gains mis en commun avec son frère, au partage d'une fortune qui lui coûtait si cher!

A peine deux mois s'étaient-ils écoulés depuis l'arrivée de Lucien, qu'on lisait dans plusieurs journaux:

« Une jolie marchande de coco, remarquée souvent au Champ-de-Mars, au bois de Boulogne et dans le parc de Versailles, vient d'hériter d'une somme de quatre cent cinquante mille francs, que son frère, mort par suite de ses fatigues, avait rapportée de Californie. »

Reine aurait désiré que les feuilles publiques eussent gardé le silence; mais un coup de fortune si rare dans la classe à laquelle l'ex-marchande de coco appartenait ne pouvait rester inconnu.

Lorsque l'orpheline se vit une seconde fois retombée dans l'isolement, et qu'elle sentit se briser à jamais ce dernier lien de famille, elle s'écria:

— Maudit soit cet or qui a coûté la vie à mon pauvre frère! Que ferai-je d'une si grande fortune, moi qui sais à peine lire et écrire?... J'ai envie de la donner à un hospice et de reprendre mon ancien métier.

Mais en réfléchissant un peu, elle comprit que ce désintéressement, inspiré par l'exaltation de sa douleur, ne rendrait pas la vie à celui qu'elle pleurait avec toutes les larmes du regret.

— Et pourtant, se disait-elle encore, il se réjouissait de m'avoir rendue riche, même quand il s'est vu mourir; il me conseillait sur ce que je devais faire après lui; mais je n'écoutais pas... Hélas! puisque c'est le fruit de ses grands labeurs, gardons ce méchant or comme souvenir; d'ailleurs, je n'en jouirai pas seule...

« Le pauvre Lucien est mort, manda-t-elle à Valentin; il nous laisse un gros héritage dont vous saurez mieux user que moi. J'ai idée que la fortune m'abrutit. Je ne me sentais pas si bête, ni si triste, ma petite fontaine sur l'épaule, ou ma corbeille de *plaisirs* à mon bras, dans le parc de Versailles. En attendant, pour suivre les dernières volontés de mon frère, je vais acheter près de Paris une petite maison de campagne avec un grand jardin, pour que vous y cultiviez les fleurs que vous aimez, etc., etc. »

XVIII

GRANDE NOUVELLE.

Reine ne reçut point de réponse; à cette époque, généraux, officiers, soldats, avaient à peine le temps de respirer; l'armée s'avançait toujours vers cette fameuse tour qui devait s'écrouler bientôt sous tant de bras victorieux.

La marquise n'avait reçu de son mari que peu de lignes, mais satisfaisantes pour le moment.

« Mon brave régiment et moi, nous sommes bien disposés à donner l'assaut, » lui disait-il en finissant.

De Valentin nulle mention, le laconisme de ce billet ne le permettait pas; d'ailleurs, n'en point parler était une sorte de preuve qu'il ne lui était rien arrivé de fâcheux. Reine et la noble dame en jugèrent ainsi, ce qui tempéra beaucoup les appréhensions de la jeune fille. Souvent nos inquiétudes sont plus vives pour ceux qui nous sont chers, lorsqu'un danger encore éloigné les menace, qu'au moment où ils sont prêts à le braver; la perspective supprimée, nous ne voyons plus que la fin du péril. C'est ce qui arriva pour la jeune héritière. Songeant que Valentin ne tarderait pas à lui être rendu, elle se mit à la recherche d'une demeure en rapport avec sa récente fortune. Après qu'elle eut visité toute la banlieue parisienne, son choix se fixa sur un charmant petit cottage entouré d'arbres, d'arbustes, de massifs de fleurs, et qui lui parut gaîment assis au milieu d'une pelouse aussi verte, aussi fine que celle du jardin de la marquise; et ce qui lui rendit encore cette habitation préférable à tant d'autres qu'elle avait vues, c'est que là elle ne serait pas éloignée de l'église et du presbytère. Le marché fut promptement conclu avec le propriétaire de la maison, qu'elle acheta toute meublée, et où elle s'installa presque aussitôt.

Quand elle eut bien visité son joli domaine, son cœur s'épanouit à la pensée que celui qu'elle aimait y trouverait, avec le bonheur, des occupations en rapport avec ses goûts. Elle fit agrandir la serre, déboiser un grand massif qui lui dérobait la rivière :

— J'aime à voir l'eau, dit-elle; quand il fait chaud, ça rafraichit.

Tout en faisant exécuter quelques changements dans le jardin, elle voulut qu'on laissât une assez grande portion de terrain sans culture, qu'elle réserva pour les amusements *horticoles* de son cher Valentin. Seulement, elle planta de ses mains, au milieu de cette terre d'attente, l'œillet qu'il lui avait donné. C'était la seule plante qu'elle désirait voir prospérer et fleurir avec l'unique espérance de son cœur.

Un de ses premiers soins, à son arrivée, fut d'aller visiter le presbytère, et de déposer entre les mains du curé une forte somme pour ses pauvres.

— Ah! dam! monsieur le curé, lui dit-elle avec sa brusque franchise, quand les malheureux auront besoin, faut pas m'épargner, entendez-vous? C'est moi qui étais la petite marchande de coco; si, par un malheur, je suis devenue riche, c'est que le bon Dieu a voulu mettre dans ma bourse l'argent des pauvres.

Un peu plus tard, Reine se lia d'une intime amitié avec la sœur du pasteur vénérable dont le cœur se réjouissait d'avoir parmi son troupeau une bonne petite brebis qui, si généreusement, se faisait tondre.

Aujourd'hui, toutes les cloches résonnent, les canons des Invalides tonnent, les musiques militaires font entendre de belliqueuses harmonies ; les rues sont animées comme en un jour de fête ; on se serre les mains, on s'embrasse ; de toutes parts éclatent les vivats !... La tour Malakoff est prise ! Valentin est sain et sauf ! Joies, réjouissances pour la France ! larmes et deuil pour plus d'un de ses enfants !...

Reine, en apprenant la grande nouvelle, se jette à genoux, remercie Dieu, invoque sa volonté toute-puissante ; puis elle se lève soudain, revêt son costume de marchande de coco, reprend sa fontaine, sa sonnette argentine, monte en voiture et se fait conduire au Champ-de-Mars :

— Drelin ; dindin, drelin, dindin. Voilà la petite marchande de coco : à la fraiche, qui veut boire ?... Aujourd'hui, on distribue gratis !

En une seconde, la jolie Reine est entourée, pressée, admirée. C'est à qui des braves soldats voudra voir de plus près la riche héritière qui vient encore parmi eux. Le vieil invalide pleure d'attendrissement du seul œil qui lui reste.

— C'est bien elle, se disent les conscrits ; elle est toujours tout de même !

— Oui, oui, mes bons amis, c'est encore moi, bien moi... pas changée du tout... Allons, buvez tous à la santé de votre camarade Valentin, qui a pris aussi pour sa part la tour de Malakoff, et qui bientôt revient, faut espérer.

Cette fois, la fontaine, remplie d'une tisane plus fortifiante que celle distribuée naguère, fut tarie aux cris répétés de : Vive l'armée française ! Vive la France !

— Bien, tres-bien, mes braves ! buvez, buvez mon coco :

il est chenu, celui-là! qu'en dites-vous?... A vous aussi, les tambours et les trompettes! N'ayez pas peur: quand il n'y en aura plus, il y en aura encore.

La fontaine se remplissait à mesure qu'elle se tarissait. Animée par la joie, et légèrement émue par le surexcitant coco, toute cette belliqueuse clientèle fit entendre de nouveaux vivats, parmi lesquels la munificente distributrice crut entendre mêler son nom à celui de Valentin; mais l'exaltation croissant quelque peu, Reine se retira prudemment, reprit la voiture qui l'avait amenée, et retourna dans son ombreuse solitude. Après qu'elle eut quitté, non sans un soupir involontaire, les simples vêtements de son ancienne condition, elle reprit avec indifférence ceux d'une meilleure fortune. Cependant l'étoffe de la robe seulement était changée; ni la marquise ni son amie, la sœur du curé, n'avaient pu la déterminer à troquer son bonnet coquet contre la coiffure protectrice des teints délicats.

— Si Valentin l'exige, répondait-elle, je me coifferai de l'abat-jour, comme tant d'autres qui sont montées en condition; mais en attendant, je garde ma petite cornette, qu'il trouvait si jolie... et puis, j'ai honte de parer ma tête comme Madame la marquise.

XIX

SAUVEGARDE.

Il faut avouer que, malgré la sévérité de ses mœurs et la solidité de ses principes, Reine était bien jeune et beaucoup trop jolie pour rester seule, livrée à elle-même, sans guide, sans boussole, sans qu'un mentor pût la défendre, au besoin, contre les agressions que sa nouvelle fortune lui susciterait, sans nul doute. Elle-même le sentait, et le souvenir de M. Ewinçart ne contribuait guère à la rassurer.

La petite marchande de coco, seule et libre de toutes ses actions dans l'humble sphère où elle était placée, ne tirait point à conséquence. Dès qu'il fut bien évident qu'on ne pouvait la faire dévier de la bonne voie, nul des siens n'aurait la tentation de l'essayer.

Cependant, la marquise de C***, dont la sollicitude s'augmentait chaque jour pour cette jeune fille si attrayante par ses grâces un peu rustiques, si franche avec ses naïves impulsions, si instinctivement vertueuse, s'occupait de trouver une femme respectable pour la placer auprès de l'orpheline. La pauvre veuve, si involontairement secourue par M. Ewinçart, malheureusement était morte. Reine aurait bien voulu demander une faveur au bon curé ; mais elle n'osait pas, dans la crainte d'un refus. Elle confia son désir et son embarras à sa digne protectrice, qui aussitôt alla trouver le curé, et obtint de lui, sans peine, que sa sœur aînée irait s'établir auprès de Reine jusqu'à son mariage avec Valentin Brice. L'orpheline, fortifiée par la présence de sa respectable amie, se sentait fière d'être sous la direction d'une personne distinguée par le cœur, par l'esprit, et dont la piété douce, éclairée, ne pouvait que répandre autour d'elle une grande sérénité. Reine voulut aussi que son vieil ami l'invalide vînt faire sa dernière étape dans le paisible ermitage.

— Quand Valentin reviendra, sera-t-il content de me voir en si honorable compagnie! Je suis sûre à présent que tout est fini là-bas; il grille d'être ici! C'est un cœur si brave!... Oh! c'est bien vrai qu'il aura joliment contribué pour sa part à la prise de Malakoff.

On voit que la future Mme Valentin Brice avait profité de l'exemple du Béarnais quelque peu gascon.

Bien qu'elle n'eût pas reçu de réponse à sa dernière lettre, Reine avait appris par voie indirecte que le valeureux sous-officier continuait à traverser les plus grands dangers avec un rare bonheur.

— Il a pour lui la chance, se disait-elle toute rassurée; d'ailleurs, la grande affaire, c'était cette chienne de tour Malakoff; elle est tombée, Dieu merci!

D'autre part, le marquis de C***, promu au grade de général sur le lieu même du triomphe, et chargé en même temps d'un commandement en Afrique, était rentré en France depuis peu de jours: aussitôt l'heureuse Mme de C*** avait fait prévenir son intéressante protégée.

Dès que celle-ci aperçut le brillant général, son cœur, gonflé de joie, se fondit en larmes; elle ne put prononcer un seul mot. Le général, touché d'une sensibilité aussi expansive, aussi vraie, lui dit d'une voix pleine d'encouragement:

— Ne pleurez pas, mademoiselle Reine; vos yeux sont trop jolis pour se cacher derrière des larmes; réjouissez-vous, au contraire, et que votre gentil visage s'éclaire d'un gai et frais sourire. La ligne et la garde impériale ont reçu l'ordre de rentrer; aussi, avant peu, vous allez revoir votre cher Valentin Brice! C'est un brave soldat; il vous retrouvera fidèle et riche : tout cela mérite sa récompense.

La satisfaction de l'orpheline eût donc atteint toute sa plénitude, si les meilleures choses de la terre n'avaient aussi leur triste déception. Mme de C*** lui annonça qu'elle avait l'intention de suivre le général à Alger, où elle devait rester pendant toute la durée de l'expédition.

— Miséricorde! s'écria Reine en frappant légèrement du pied, je sentais bien que quelque chose devait me manquer!... Mme la marquise ne sera pas témoin de mon bonheur!...

— Si vraiment, ma mignonne; quand je reviendrai, je vous trouverai en pleine félicité. Néanmoins, j'aurais désiré vous voir marier, et faire mon compliment à M. Valentin Brice. Mais puisque je serai absente, voici d'avance mon présent de noce; qu'il vous fasse souvenir que par le monde il est une personne qui prendra toujours intérêt aux événements de votre vie, qu'ils soient heureux ou tristes... Que la Providence vous préserve de ces dernières: c'est mon vœu bien sincère.

Reine se mit à genoux, prit la main de la marquise et y déposa, avec une respectueuse reconnaissance, un tendre baiser; mais la noble femme, relevant la jeune fille, l'embrassa sur le front, sur les joues, et lui passa autour du cou une chaîne d'or à laquelle se trouvait suspendu un médaillon renfermant une boucle de ses beaux cheveux.

L'ex-marchande de coco était trop émue pour remercier sa protectrice autrement que par un regard d'une indicible expression.

Quelques semaines s'étaient à peine écoulées depuis le

départ de la marquise de C***, lorsqu'un soir, en rentrant, l'invalide dit à Reine :

— C'est demain que l'armée de Crimée fait son entrée dans Paris : oui, demain 19 décembre.

— Est-ce possible? s'écria-t-elle toute saisie; quelle nouvelle!... ça bouleverse tout de même! J'en étais bien sûre que ce serait encore vous, père Marcel, qui m'annonceriez son retour.

— Ne vous l'avais-je pas promis, ma petite Reine?

— Oui! oui, vous avez tenu parole. Valentin qu'est en route pour revenir!... qui n'est pas loin! Ah! si madame la marquise n'était point partie, comme elle se réjouirait avec moi!... Elle est si bonne! et pas du tout fière! je dirai à Valentin qu'elle m'a embrassée.

Après une nuit agitée, quoique bercée de doux songes, Reine se leva aux premières lueurs d'un jour assez nébuleux, mais qui lui parut tout rayonnant des splendeurs de l'espérance. Revoir celui qui allait devenir le cher compagnon de sa vie entière, ne plus trembler pour lui, jouir de sa présence à chaque heure, à chaque minute, à chaque seconde de la journée, quelle ravissante perspective pour cette âme vive et tendre!... Elle se mit en prières, ensuite elle s'occupa de la parure qu'elle choisirait pour aller au-devant de son bien-aimé Valentin.

— Si je suis mise trop en dame, pensa-t-elle, il ne me reconnaîtra pas tout de suite; comme ses yeux me chercheront, il faut qu'il m'aperçoive de loin.

Alors elle rejeta les belles robes de soie qu'elle portait depuis son changement de fortune, et retira d'un vieux coffre la robe, le petit bonnet rose et le châle aux vives couleurs dont Valentin l'avait vu parée les fêtes et les dimanches; elle revêtit ces ajustements, puis avec une curieuse attention, elle s'examina dans la glace.

— A la bonne heure, dit-elle enchantée de sa parure. A présent je suis bien moi!... la petite marchande de coco qu'il a choisie.... Ah! qu'il me comprendra bien, lui!

XX

DÉSESPOIR.

Prête à partir, elle alla chercher son amie et l'invalide; tous deux montèrent dans un wagon; en moins d'une heure, ils arrivèrent à Paris. Déjà les rues se remplissaient de parents, d'amis, de fiancées peut-être, d'une multitude de curieux se dirigeant la plupart vers la place de la Bastille, où les glorieux fils de la France devaient faire une halte.

Reine, son amie et le père Marcel, qui ne savaient pas où la troupe devait s'arrêter, prirent une voiture et se firent conduire sur le boulevard Beaumarchais; là, ils s'établirent de manière à tout voir, à tout entendre. Reine s'était procuré une chaise qu'elle avait adossée au tronc d'un orme qui lui servait de point d'appui ainsi qu'à sa compagne; quant à l'invalide, il les gardait toutes deux comme il eût gardé les tourelles d'un château-fort. De là, ils épiaient l'arrivée des troupes. La haie s'était déjà formée des deux côtés du boulevard, rempli d'une foule attentive. Cette foule, tout yeux, tout oreilles, demeura longtemps n'apercevant rien, mais sans manifester aucun signe d'impatience et comme recueillie dans une attente solennelle. De temps en temps le pauvre invalide essuyait une larme et murmurait contre sa vieillesse et ses blessures, qui ne lui permettaient pas d'être au nombre des jeunes gloires attendues; mais Reine le grondait, et lui disait de sa voix la plus douce :

— Vilain ambitieux, qui ne voudrait pas que nos Valentins eussent leur tour!

A peine a-t-elle achevé ces derniers mots, que des sons métalliques viennent retentir à toutes ces oreilles attentives.

— Ce sont eux! dit l'invalide plein d'émotion.

— C'est lui! s'écrie Reine dans un ravissement indicible.

Et, plus vive et plus prompte qu'un écureuil, déjà de ses petits pieds elle a escaladé la chaise, grimpé les barreaux un à un jusqu'au dernier, afin d'explorer de plus loin : mais rien ne paraît encore.

Cependant, aux accents stridents des clairons succèdent les musiques guerrières; les harmonies deviennent plus distinctes; tous les regards, comme un seul, se dirigent vers l'extrémité de la longue avenue; un tourbillon de poussière vient rouler et s'éparpiller aux pieds des impatients; le ciel, sombre tout à l'heure, soudain s'éclaircit; quelques rayons percent les nuages, les dissipent, et le soleil paraît. Reine lève les yeux et dit, en joignant les mains :

— Voyez-vous, mes amis, c'est le bon Dieu qui nous envoie son flambeau pour éclairer la fête!

— Les voilà! les voilà! s'écrie-t-on de toutes parts.

Et les airs sont ébranlés par les vivats, les hourras, les trépignements, les battements de mains, le tintement des cloches, le tonnerre des canons, qui élèvent aussi leurs voix pour célébrer le retour des vainqueurs. Reine et ses amis gardent un religieux silence : toute la vie de la jeune fille a passé dans ses yeux...

La ligne s'avance la première, avec sa musique en tête et une troupe de soldats sans armes... ce sont les blessés!

Les uns, livides, fatigués, se soutiennent à peine; d'autres ont la tête enveloppée de linges sanglants; à celui-ci un seul bras, à celui-là une seule jambe; ce beau grenadier a perdu un œil; le visage de ce capitaine est sillonné de coups de sabre, comme s'il avait été labouré par la foudre. Et ce lieutenant à peine sorti des écoles... il ne lui reste qu'une seule main pour tirer son épée... mais il continuera de servir la France. Voyez encore un soldat qui de son manteau se voile la face... il a eu la moitié de la mâchoire emportée! Et le jeune sous-officier dont la marche est incertaine... il est aveugle, il est manchot, il boite, et il s'appuie sur son camarade criblé de blessures, et qui lui sert de guide!... Oh! ce spectacle navre et transporte tout ensemble!

A cette vue, Reine frissonne, pâlit; ses yeux se troublent, elle est tentée de les fermer pour ne plus rien voir: elle serre convulsivement le bras de l'invalide, et des soupirs d'angoisse sortent de sa poitrine.

— Dam! mamzelle Reine, lui dit son vieux soutien, faut pas trop vous troubler les sens; c'est comme ça quand nous revenons de la guerre; y en a qui y laissent toujours quelque chose!

Un mouvement convulsif ébranla tous les membres de la patiente... Mais voici que la garde commence à paraître... La jeune fille devient plus agitée que la feuille qui tremble.

Ce sont d'abord les chasseurs à pied : Valentin n'en fait plus partie... ensuite viennent les zouaves, les intrépides zouaves. Hélas! parmi eux combien de mutilés!

— Attention, mamzelle Reine, les voilà les voltigeurs! dit l'invalide ému.

Les yeux agrandis de l'ancienne marchande de coco enveloppent chaque blessé... Elle les passe tous en revue !...

— Merci, mon Dieu, s'écria-t-elle, il n'y est pas ! Mais ceux qui vont venir !... Si !... Quelle horreur ! Seigneur ! Seigneur ! c'est comme une agonie !

Le premier régiment est passé... le second le suit... c'est le dernier... L'angoisse est terrible !

Oh ! bonheur !... Valentin n'était point au premier rang...

— Ah ! je respire... il n'est pas blessé !... Mais que c'est long !

— Patience, Reine, lui dit sa compagne, qui sympathise avec toutes ses terribles impressions ; vous êtes rassurée maintenant ; bientôt vous allez le revoir.

Un sourire ineffable accueille cette espérance prête à se réaliser. A mesure que chaque peloton défile, elle examine, elle frémit d'attente, elle voudrait précipiter leurs pas. Les deux mains sur son cœur, l'heureuse orpheline semble vouloir le retenir comme s'il allait s'échapper.

— Mamzelle Reine ! mamzelle Reine ! voilà son peloton ; je crois que mon bon œil vient de l'apercevoir...

— Avant moi !... Enfin !...

Et comme une flèche, elle s'est élancée vers le capitaine Flammant, qui commande ce dernier peloton :

— Et Valentin ! lui demanda-t-elle toute haletante.

— Comment, mademoiselle Reine, vous ne saviez pas !... Hélas ! il est mort !

— Mort !...

A ce cri funèbre, elle tombe privée de sentiment.

On s'empresse autour de cette jeune fille ; on la relève au moment où sa compagne et le vieil invalide arrivaient auprès d'elle. Ils la firent transporter dans la maison la plus voisine, où tous les soins lui furent prodigués ; mais elle resta plus d'une heure sans donner signe d'existence. Quand elle reprit connaissance, tout avait disparu ; il ne restait sur le boulevard que les passants habituels, allant à leurs affaires, à leurs plaisirs ou à leurs travaux. L'infortunée jeta un regard morne sur ce lieu où, dans un seul mot... mot affreux, s'étaient évanouis tous ses rêves!... Longtemps ses yeux demeurèrent fixés là où elle était accourue d'une si vive ardeur; là où elle avait attendu, espéré, désespéré; là où elle venait de ressentir l'aiguillon des plus anxieuses inquiétudes; là où son cœur avait passé par les alternatives indicibles de la joie et des douleurs humaines! Elle semblait si profondément attentive, que personne n'osait troubler cette méditation, pourtant cruelle. Cependant, à de courts intervalles, ainsi qu'apparaîtrait dans ses phases diverses un astre pâlissant, ainsi sa mobile physionomie offrait d'effrayants contrastes; et, quiconque aurait pu lire à travers ses yeux parfois égarés ce qui venait à renaître dans une imagination trop frappée d'un souvenir, aurait vu s'y reproduire les scènes émouvantes qui venaient de se passer sur ce lieu sans laisser de trace. C'était une hallucination effrayante, comme un mirage dans la pensée... Allait-elle perdre la raison ou la vie?... Tout à coup elle tressaille, une pâleur mortelle couvre son visage, ses membres se crispent... et jetant un cri de douleur :

— Il est mort, vous dis-je! Otez-moi d'ici!

Sa compagne et le père Marcel, dans une même affliction, la soutinrent jusqu'à la voiture qui l'attendait, et, pour éviter de la donner en spectacle aux indifférents, ils ne reprirent pas les voies rapides et la reconduisirent jusqu'à son habitation. Pendant la route, qui fut longue, elle n'eut ni paroles, ni larmes; seulement, à plusieurs reprises, elle suivait sur un anneau qu'elle portait au doigt les petites perles d'or dont il était formé. Sans doute que sur cette bague, qu'elle tenait de Valentin, elle priait pour lui.

XXI

VAINES CONSOLATIONS.

Arrivée dans sa demeure si riante aux beaux jours, maintenant dépouillée de toutes ses parures, l'orpheline sentit comme un accord entre cette nature veuve de son printemps et son âme veuve aussi de toutes ses espérances, et il passa sur ses lèvres pâles comme un sourire d'approbation, mais quel sourire ! Hélas ! le malheur initiait cette pauvre fille du peuple à ces mystérieuses correspondances dont elle ne se doutait pas dans son existence vulgaire de marchande de coco.

Quand elle fut entrée, et qu'elle aperçut sa fontaine suspendue dans la pièce qui précédait le salon, elle s'en approcha, passa la main sur le métal brillant et poli, et la retira vivement. Dans le salon, sa vue tomba sur la blanche immortelle, la fleur des adieux ; elle tressaille et soupire ; puis, toujours muette, surchargée d'accablements, elle se laissa tomber sur un siége. Alors sa pieuse compagne s'approcha et voulut essayer quelques paroles consolatrices. Reine secoue la tête en posant un doigt sur ses lèvres, comme pour dire : Toute voix me fait mal!

L'invalide, qui se traînait à peine, tant le chagrin l'avait abattu, vint aussi, non pour l'entretenir, mais pour lui montrer que le dévouement et l'amitié veillaient toujours auprès d'elle. L'orpheline posa sa main brûlante sur celle de son vénérable ami, ensuite toucha respectueusement les cicatrices de son front, de sa tête chauve, de ses joues creusées par le sabre, par la faux du temps, leva ses yeux vers le ciel, et un sanglot sans larmes sortit du fond de sa poitrine.

Le soir venu, ses amis l'engagèrent à se reposer; elle céda sans résistance; son amie la veilla toute cette première nuit douloureuse. Reine n'eut point un instant de sommeil. Elle ne pleurait pas, elle n'exhalait aucune plainte; seulement, de temps en temps elle soulevait la tête et semblait écouter avec effroi la bise qui soufflait et la pluie glacée battant les vitres.

Le lendemain, le curé vint essayer de son ministère; elle accueillit avec soumission toutes les bonnes paroles que sa charité compatissante lui suggéra; mais la plaie était trop récente pour que le baume pût en calmer l'irritation.

Enfin, les jours s'écoulaient sans amener de soulagement dans cette existence brisée; plus cette nature était vivace et forte, plus le coup avait porté. Pauvre fille! toute son énergie morale, toute sa laborieuse activité étaient mortes comme ses espérances. A la tristesse dont elle était enveloppée, à sa physionomie éteinte, à ses yeux naguère si vifs, si brillants, qui n'avaient encore pu pleurer, mais qui se voilaient d'une terne douleur, qui donc aurait pu la reconnaître? Cette rieuse et sémillante enfant aux jours des promesses, maintenant assombrie comme un ciel sans astre et sans lumière, semblait pétrifiée dans son malheur. Néanmoins, il était aisé de voir que souvent elle priait, quoique ses lèvres restassent immobiles : l'attitude recueillie de sa personne révélait sa pieuse occupation.

Quand ses amis la voyaient vêtue d'habits de deuil, rêveuse, la tête inclinée, le visage décoloré, se promener lentement sous les arbres sans feuillage, jetant autour d'elle des regards désolés, s'arrêtant à chacun des endroits qu'elle avait désignés pour un tendre projet, puis levant au ciel ses yeux navrés, comme pour lui demander pourquoi il l'avait faite si malheureuse, elle avait une expression de douleur si pénétrante, que les larmes gagnaient ses amis dévoués, mais impuissants à la consoler. Ah! si l'infortunée avait pu verser quelques larmes, elle aurait moins souffert!

Un jour, c'était par une de ces matinées printanières où les feuilles renaissantes se développent presque visiblement, où les oiseaux voyageurs sont revenus chanter sur l'arbrisseau où déjà le nid se prépare, ce jour de joie et d'épanouissement de toute la nature, Reine, l'inconsolable Reine, était allée s'asseoir sous les hauts sapins dont elle aimait les bruits parce qu'ils étaient tristes; une voiture s'étant arrêtée à la grille, au même instant un violent coup de sonnette se fit entendre. Reine, toute troublée, se leva pour fuir cette visite importune. A peine avait-elle fait quelques pas sur la pelouse, qu'elle aperçut une jeune femme venant à elle les bras ouverts... Courir, se précipiter, se presser sur un noble cœur comme pour y réfugier le sien, fut aussi prompt que l'étincelle électrique. En cet instant suprême, plus de distance entre la grande dame et la simple marchande de coco; commisération et douleur se confondaient ensemble.

— Ah! madame la marquise, je suis si malheureuse!

C'étaient les premières paroles qu'elle prononçait depuis le retour des soldats de Crimée.

— Pauvre, pauvre enfant!... Oh! comme elle est changée! s'écria la marquise en laissant tomber d'abondantes larmes sur l'orpheline.

Ce fut comme si une source puissante en ouvrait une

autre sur son passage. Pour la première fois depuis son malheur, le cœur de Reine fondit en sanglots; la source ouverte, elle ne tarissait plus.

— Ah! vous m'avez fait du bien, madame! Enfin voilà que je pleure!

Madame de C*** l'entraîna sous les arbres qu'elle venait de quitter, et là, par mille caresses, mille inspirations touchantes, elle sut, en amollissant une douleur si aride, la rendre moins amère.

— Comme vous êtes charitable envers une simple fille comme moi! C'est bien grand à vous, madame! et monsieur le marquis... est-ce qu'il est revenu? Ç'avait été son colonel!

— Non, il n'est point ici, et j'ignore l'époque de son retour, ma petite amie, je ne suis pas sans inquiétude.

— Ah! des inquiétudes!... j'en avais aussi moi!... mais je n'en ai plus.

— Allons, mon enfant, calmez-vous. Dieu et le temps sont de grands maîtres.

— Oui! le bon Dieu tout seul... le temps, il n'est bon que pour faire mourir.

Néanmoins, le temps eut son action sur ce cœur rebelle à tout soulagement. Chacune des visites de Mme de C*** laissait Reine un peu plus résignée, et la généreuse femme continuait avec une admirable persévérance son œuvre de consolation. C'est que la noble dame aimait véritablement cette fille inculte, au langage vulgaire, aux habitudes rustiques, mais douée de sentiments si droits, si fiers, si élevés! La fortune l'avait prise ainsi, la fortune ne l'avait pas modifiée.

Ainsi, les soins de la marquise ne restaient point infructueux. Depuis qu'une autorité respectable s'était jointe à la sienne pour faire un cas de conscience de l'apathie dangereuse où elle se laissait aller, elle commença à remettre un peu plus d'ordre dans l'emploi de ses journées, elle s'occupa de son entourage et sembla vouloir dédommager ses amis de son ingrate distraction; enfin, le travail pour les pauvres remplit une grande partie de ses tristes loisirs. Dans un de ces rares instants d'épanchements que l'orpheline se permettait avec la marquise, elle lui dit en pleurant :

— Mon Dieu! madame, je suis sûre que si j'étais encore pauvre, j'aurais plus de courage; quand on est fait à la peine, on ne sait plus que devenir, sitôt qu'on en a plus. J'ai envie de donner tout ce que j'ai à un hospice et de me faire sœur hospitalière; comme ça j'aurais de l'occupation pour le jour et pour la nuit. Me le conseillez-vous, madame?

— Non, Reine, les vocations qui naissent du désespoir sont incomplètes, Dieu ne les ratifie point.

— Alors, il faut donc que je souffre sans chercher à me soulager?

— Peut-être!

— Oh! bien j'attendrai que je souffre moins de mon chagrin, car il ne s'en ira pas.

-----oo0oo-----

XXII

ÉTRANGE LETTRE.

Sur ces entrefaites, elle reçut une lettre bien étrange ; en voici le contenu :

« Mademoiselle,

» Les anges n'ont point de rancune, ainsi je ne puis vous en supposer ; d'ailleurs, je n'ai jamais eu l'intention de vous offenser, encore moins de chercher à vous nuire : n'êtes-vous pas au-dessus de la calomnie aussi bien que des calomniateurs ?

» J'ai appris avec le plus vif intérêt que vous aviez fait un héritage qui change votre position ; de mon côté, mes affaires ont prospéré au delà de mes espérances, et les plus brillantes perspectives s'ouvrent devant moi. Veuillez m'en croire, mademoiselle Reine, la source de toutes les jouissances, c'est la fortune. Avec l'or tout s'acquiert, le rang, la considération, la supériorité, l'influence, l'affection, le mérite et peut-être même la vertu ! Si on ne l'a point, on vous la donne, et si on la possède, il est plus facile de la conserver.

» Pour réparer une petite étourderie de *jeune homme*, qui, malgré ce que vous en avez pu croire, n'avait aucun but dont votre délicatesse dût s'offenser; pour réparer, dis-je, cette folle plaisanterie, je ne connais qu'un moyen; permettez-moi de l'employer auprès de vous : c'est de vous offrir ma main et ma fortune ; c'est de vous associer aux chances incalculables que la destinée me promet encore; c'est de me charger de vous rendre heureuse. Vous le voulez bien, n'est-ce pas, mademoiselle Reine? Le jour où votre petite fortune et la mienne, qui est considérable, se confondraient en une seule, songez à tous les avantages qui vous seraient assurés. D'abord, une position dans le monde, à laquelle vous ne pouviez prétendre avec votre humble état de marchande de coco, ce que d'autres que moi prendraient en considération, sans compter le manque d'éducation et d'usage; mais quant à cela, on pourrait y suppléer. Et puis, lorsque vous porterez le nom de Madame Ewinçart... diamants, perles, dentelles, parures de tout genre, de toute espèce, vous seront donnés à profusion. Aussi, je ne doute pas que vous n'accueilliez ma demande avec reconnaissance.

» Ah ! j'ai bien encore un peu sur le cœur les belles porcelaines que vous m'avez brisées; mais je vous pardonne : nous en aurons de plus belles encore.

» Adieu, mademoiselle; surtout répondez-moi sans retard. Dans ces sortes d'affaires, on est impatient de les voir terminer : vous saurez le comprendre.

» Votre tout dévoué serviteur,

» EWINÇART. »

Reine lui répondit :

« Ah ! par exemple, monsieur Ewinçart, je ne m'attendais pas à celle-là ! Il n'est pas possible, d'après vos insolences à mon égard, que vous ayez la simplicité de croire Reine, l'*humble marchande de coco*, tentée de devenir Madame Ewinçart... Oh ! non ! par ma glorieuse aïeule, non!... et non! Je ne me soucie pas plus de vous que de vos diamants, de vos dentelles et de toutes les fanferluches du monde. Je méprise aussi votre or; j'en ai plus que je n'en aurais voulu: il me coûte assez cher... Allez, allez, monsieur Ewinçart, les honnêtes filles mettent leur fierté plus haut que tout ça! Donc, je vous prie bien de me laisser tranquille pour pleurer tout à mon aise: je n'ai le cœur à rien autre chose.

» Je vous salue,

« Reine Lebeau. »

Afin de comprendre la singulière proposition de M. Ewinçart, il faut savoir qu'après avoir réalisé des gains considérables en jouant à la Bourse, l'imprudent venait, sur une fausse nouvelle, de tout risquer et de tout perdre. D'autre part, l'usine périclitait depuis que son ambition le poussait ailleurs, et l'industriel était menacé d'une faillite prochaine. Les quatre cent cinquante mille francs de Reine lui paraissaient donc indispensables pour rétablir ses affaires.

Mais il fallait que sa position fût bien mauvaise, et son amour-propre bien aveugle, pour lui ôter toute perspicacité. Comment n'avait-il pas deviné qu'après sa conduite envers l'orpheline, il échouerait devant elle? Reine ne pouvait ni ne devait pardonner certaines insultes.

Elle ne communiqua ni la lettre, ni sa réponse, à personne, tant elle redoutait toute discussion étrangère à la disposition de son âme. Malgré la docilité avec laquelle, en cédant aux désirs de ceux qui l'aimaient, elle se livrait à une activité factice, on voyait au fond que ses regrets n'en étaient que plus opiniâtres, et qu'un chagrin mortel dévorait son existence.

Madame de C*** comprenait seule l'état moral de cette âme solitaire et désœuvrée; mais comment y remédier? Les antécédents de la jeune fille devenaient même un obstacle à sa guérison. Cette vie nouvelle, sans mouvement au dehors, sans travail obligé, la livrait à toutes les fantaisies de la douleur. Pauvre fille, naguère si forte, si courageuse, elle s'était laissée submerger dans le naufrage de son avenir! Mais en dépit d'elle-même, sa nature énergique et vivace se débattait sous les flots destructeurs. Pour ces caractères fortement trempés, les réactions ne sont pas sans exemple, et certaines commotions peuvent être salutaires. Dans sa sollicitude, la marquise avait conçu un projet difficile à réaliser, sans doute, mais qui peut-être n'offrait point un obstacle invincible.

Avec une bonté pleine de résolution, elle usa de tout son ascendant sur Reine et lui tendit si adroitement la main pour la faire remonter au rivage, que ses tentatives ne restèrent pas toujours infructueuses. Déjà, sans préparation aucune, elle l'avait entretenue de Valentin, de son intrépidité, de la réputation qu'il avait laissée dans le régiment, de l'exemple dont il était pour ses camarades. Reine, surprise, mais fascinée malgré elle, avait écouté, l'oreille tendue, les yeux ouverts, retenant sa respiration comme si l'air ou le mouvement allaient faire évanouir une chère ombre, et l'orgueil d'avoir été préférée par un tel brave tempérait un instant le regret de l'avoir perdu. Enfin, Mme de C*** en vint même à lui parler de la guerre de Crimée, des pertes irréparables qu'elle avait causées, et de ces deuils qui s'étaient étendus sur tant de familles. La pauvre fille soupirait, suffoquait, versait des flots de larmes; puis, par un de ces caprices qui s'emparent des âmes malades, plus les paroles de sa noble amie la déchiraient, plus elle était avide de se les faire répéter.

— Tout ça me fait bien du mal, madame la marquise... ça n'empêche pas... racontez-moi toujours mon pauvre Valentin! C'est comme s'il ressuscitait pour un moment.

— Je le voudrais de tout mon cœur, mon enfant; mais je n'étais pas présente à ces terribles combats pour y suivre votre ami. Ce serait à Monsieur Flammant, qu'il n'a point quitté jusqu'au moment fatal, à nous redire toutes ses belles actions.

Reine se mit à réfléchir... puis elle répondit :

— Pourtant, c'est la vérité !... M. Flammant, qui était son capitaine... il le voyait se battre comme un vrai lion, j'en suis sûre... et aussi qu'il a joliment tué un grand cosaque pour lui sauver la vie, à Monsieur Flammant !...

— Et cet estimable officier ne tarit point en éloges sur son sauveur.

— Madame, j'aurais envie de demander bien des choses à M. Flammant, mais...

— Pourquoi ce mais... mon enfant, je lui ferai connaître votre désir, et il s'empressera d'y satisfaire, je n'en doute pas.

— Dam !... ça me chiffonne de demander à le voir... il est vrai que depuis, Valentin l'aimait beaucoup... Eh ! bien, qu'il vienne donc pour me faire pleurer davantage !

La visite ne se fit pas longtemps attendre. Dès le lendemain, M. Flammant se faisait annoncer chez l'ancienne marchande de coco.

Sitôt qu'elle l'aperçut, elle cacha son visage dans ses deux mains et poussa des cris de désespoir ; puis insensiblement elle s'apaisa, et, relevant la tête, elle voulut balbutier quelques excuses ; mais les mots expirèrent sur ses lèvres.

— Mademoiselle Reine, lui dit M. Flammant d'une voix pleine de commisération, si vous ne pouvez supporter ma présence, je vais me retirer.

— Non !... non... restez, M. Flammant... Mais c'est la première fois que je vous revois, depuis que vous m'avez dit tout crânement le malheur.

— Hélas ! oui, j'aurais dû ne pas vous l'apprendre si brusquement ; je ne me le suis pas pardonné, Mademoiselle Reine.

— C'est bien égal à présent... je l'aurais appris plus tard, et je n'y aurais rien gagné.

— Mais vous n'eussiez pas été si soudainement frappée !

— Tout de même, mon Dieu ! On a beau compter bien des éclairs avant que le tonnerre tombe, quand le coup arrive pour vous, est-ce que vous n'êtes pas foudroyée ?

— Comme vous êtes généreuse de m'excuser, Mademoiselle !

— Ah ! mon Dieu, je ne suis plus rien du tout, qu'une malheureuse à faire pitié ! Tenez, parlez-moi de lui... M. Flammant, Madame la marquise m'a promis que vous me raconteriez tout ce qu'il a fait... C'est comme si vous parliez à sa veuve, voyez-vous.

Alors, le capitaine Flammant redit à la pauvre Reine la belle conduite, les actions, la bravoure du sous-officier, et quand vint l'acte de dévouement qui lui avait sauvé la vie, il le raconta avec un feu, une verve de reconnaissance qui répandirent un peu de baume sur la plaie saignante de la pauvre fille.

— Ah ! M. Flammant ! Il fallait lui rendre la pareille !... s'écria-t-elle avec amertume.

— Je l'aurais bien voulu, Mademoiselle, mais après la prise de Malakoff, lorsque nous arrivâmes...

— Assez ! assez... ne m'en parlez plus, dit-elle d'une voix déchirante, faut que vous me parliez des choses qui étaient de son vivant... J'écoutais... à présent... non... je ne pourrais plus.

Il vit bien que, s'il prolongeait cette première visite, Reine, déjà trop ébranlée par ses souvenirs, ne le supporterait plus qu'avec contrainte ; il se leva donc et prit congé de la jeune fille. Pour adieu, elle lui tendit la main avec une expression si douloureuse et si cordiale tout ensemble, que les yeux du capitaine en furent obscurcis. Il se rendit ensuite chez Mme de C*** pour l'informer de ce qui s'était passé dans cette entrevue si importante.

— Eh bien, monsieur Flammant, quel effet votre présence a-t-elle produit sur notre intéressante affligée ?

— Terrible d'abord, madame la marquise; puis cela s'est un peu calmé, et cette réception, je l'avoue, a dépassé mon attente.

— Espérons!... C'est tout ce qui nous est possible maintenant.

— Espérons!... Madame la marquise, espérons!...

XXIII

UN PRÉTENDANT.

Plusieurs fois, M. Flammant retourna chez Reine, qui le recevait toujours avec une déférence pleine d'aménité. Ses visites ne semblaient même point lui déplaire; il est vrai qu'un sujet unique remplissait tous leurs entretiens. L'habile diplomate savait si bien trouver un mot, une expression pour rehausser encore l'objet des souvenirs de Reine et captiver son attention, que si elle demeurait quelque temps sans entendre parler de Valentin, quelque chose lui manquait; alors, le vide d'une si grande perte lui paraissait plus profond. Il faut ajouter qu'à la recommandation de Madame de C***, les personnes qui habitaient avec l'orpheline, s'abstenaient de prononcer devant elle un nom si cher et si brûlant; M. Flammant en avait seul le privilége.

— Si je n'avais pas employé, répondait-il un jour à la marquise, cette ruse, en apparence singulière, de nourrir incessamment sa douleur afin de l'émousser, elle eût succombé sous l'ennui et la fatigue; et qui peut savoir si elle ne se serait point douté qu'un intérêt personnel me dominait; elle m'eût sans doute congédié sans rémission, tandis que je crois m'être rendu nécessaire en agissant comme certains médecins, par les analogues. A la longue, les maladies de l'âme comme celles du corps, guérissent ou tuent.

— J'admire votre délicate perspicacité, répliqua Madame de C***, vous avez parfaitement jugé qu'il fallait à notre malade un traitement exceptionnel; et je crois que vous avez obtenu quelques succès.

— Quel bien vous me faites, Madame! quel encouragement vous me donnez!... Cette simple fille attendrit et charme par un je ne sais quoi de si puissant qu'il met en mouvement tous les intérêts du cœur.

— Ah! M. Flammant, vous voilà, comme naguère, désireux d'épouser ma pauvre petite amie.

— Ah! Madame la Marquise....

— Eh! mon Dieu, cette gentille enfant m'intéresse à un tel point, que l'espoir de la guérir a fait naitre en moi une ambition démesurée, peut-être; car avant de vous faciliter accès auprès d'elle, j'avais conçu un projet, trop peu examiné, trop peu mûri, j'en ai peur...

— Madame, ce qui est conçu par un cœur comme le vôtre est au-dessus de tout examen. Vous êtes toujours si bien inspirée!

— Pas toujours, monsieur Flammant; je me laisse souvent aussi dominer par mes impressions. Un sentiment trop exalté peut vous aveugler aujourd'hui; mais moi, je me reprocherais de sacrifier votre avenir à l'objet de ma commisération.

— Bannissez une crainte semblable, Madame; l'attrait qui vous entraine vers cet objet de votre prédilection prouve ce qu'il vaut, ce qu'il est, ce qu'il doit inspirer!

— Sans doute, son extérieur séduit, j'en conviens; ses rares qualités attachent, je l'éprouve moi-même; cette enfant, qui a passé à travers la corruption la plus vulgaire sans en être effleurée, m'inspire comme une sorte de considération; quant à sa fortune, elle serait au moins satisfaisante pour un homme plus intéressé que vous ne l'êtes; cependant, ce qui manque à cette jeune fille suffit pour rendre une union peu sortable.

— Peu sortable!... Vous, Madame?... Pardon, mais je ne comprends pas.

— Oh! je ne veux point parler de naissance; la fille d'un brave soldat a bien sa valeur; la marchande de coco, vertueuse et sage, peut mériter, dans les conditions exceptionnelles où elle se trouve, la préférence que vous lui accordez; mais Reine n'a pas la moindre éducation, et j'avoue que je n'y avais pas songé. Son ignorance de toutes les choses reçues dans un monde tout différent du sien, vous embarrasserait, vous ferait rougir pour elle; son langage, assez vulgaire, serait plus que déplacé dans un salon où nulle conversation ne pourrait ni s'entamer ni se poursuivre, et vous-même auriez grand'peine à échanger en particulier vos idées avec un esprit complétement inculte. Ne suivez pas mon exemple, monsieur Flammant; réfléchissez avant de vous engager dans une démarche imprudente; il en est temps encore.

— N'ai-je donc point pensé à tous ces inconvénients, madame la marquise, et au moyen de les faire cesser? Elle est si jeune encore, sa mémoire est si fraiche, si flexible qu'elle apprendra vite et facilement. Nous resterons deux années, trois années, s'il le faut, dans notre intérieur, moi le maître zélé, elle l'écolière docile, et je réponds que le jour où je la présenterai dans le monde, elle ne laissera rien à desirer. Quant à l'élégance des manières, je lui dirai : « Reine, puisque madame la marquise a la bonté de vous recevoir dans son intérieur, regardez-la, » et ses yeux profiteront des meilleures leçons. Alors, avec quel orgueil je jouirai de mon chef-d'œuvre et du vôtre, madame! comme son esprit développé, joint à ses grâces naturelles, la rendront attrayante, séduisante, adorable! Oh! qu'il me tarde, madame la marquise, de vous voir entamer cette négociation d'où dépendent mon bonheur et le sien, ma vie, peut-être!... Hâtez-vous, hâtez-vous, de grâce, vous, madame, notre digne protectrice.

— Il n'est pas encore temps; croyez-moi, ne risquons point une démarche prématurée. Tout ce qui pourra servir vos intérêts, je le tenterai pour vous et pour elle; mais la précipitation serait une imprudence.

— Je me fais donc illusion, madame; j'ai cru voir que Reine, depuis quelque temps surtout, me recevait avec une espèce de satisfaction qui ne m'a point échappé; le dirai-je? il me semble même à chaque visite, que je suis attendu.

— Monsieur Flammant, je ne suis pas sans espoir; mais attendons encore... Si Dieu m'accordait le privilége de faire deux heureux, ma vie n'aurait pas été tout à fait inutile.

— Vous avez pris cette noble tâche, madame la marquise, et vous l'accomplirez; vos vœux ont bien des échos dans le ciel!

Lorsque monsieur Flammant revint chez l'orpheline, il la trouva seule dans le jardin. Elle était appuyée contre le tronc d'une épine rose et dans l'attitude d'une personne qui écoute; en ce moment, le rossignol chantait. Par un de ces jeux du hasard qui semble défier le pinceau de l'artiste, une branche de fleurs, en forme de guirlande, couronnait son front avec une grâce infinie. Dès qu'elle l'aperçut, elle posa un doigt sur ses lèvres pour l'engager au silence; il la comprit et s'avança doucement. Mais l'oiseau ne chantait plus.

— Qu'il est heureux celui-là! dit-elle en soupirant:

Et elle invita M. Flammant à rentrer.

— Si vous n'êtes point fatiguée, lui demanda-t-il, veuillez continuer votre promenade, et permettez-moi de vous accompagner.

— A votre volonté; monsieur Flammant, si vous aimez à marcher, nous resterons ici.

— L'air est si doux qu'il fait du bien à respirer; ne l'éprouvez-vous pas, mademoiselle Reine?

— Oui, mais il n'est pas assez rafraîchissant, répondit-elle d'une voix oppressée.

Pour la première fois, M. Flammant explorait avec Reine cette riante solitude. A mesure qu'ils s'avançaient sous les voûtes de feuillages, qu'ils suivaient les ondulations des sentiers fleuris autour des pelouses verdoyantes, le jeune capitaine, enchanté, ne pouvait retenir une exclamation de plaisir; mais quand il découvrit entre deux massifs de pins gigantesques les eaux transparentes et tranquilles de la rivière, il s'écria :

— Que ce séjour est délicieux! n'est-ce pas, mademoiselle?

— Je ne sais pas, monsieur Flammant; il me convient parce qu'il y a beaucoup d'arbres où je puis cacher ses larmes, et point de voisinage. Quand *il* devait y venir... je m'y plaisais beaucoup!...

Monsieur Flammant n'entendit pas cette dernière phrase; il s'était arrêté en face d'une assez vaste étendue de terrain sans culture: surpris de n'apercevoir au milieu de l'espace vide qu'un œillet blanc tout en fleurs :

— Pourquoi, demanda-t-il, ce terrain oublié, tandis que la culture des alentours offre des aspects si gracieux?

Reine, accablée d'une tristesse profonde, lui répondit d'une voix étouffée :

— La terre que vous regardez, monsieur Flammant, n'était pas pour être oubliée!... on n'y touchait pas à causede Valentin... C'est qu'auparavant d'être soldat, il était un grand jardinier fleuriste; il aimait l'état: à son retour au pays, il aurait été si content de cultiver à sa guise des fleurs superbes!... Mais... il ne reviendra plus!... L'œillet, il me l'avait donné... Oh! il ne le reverra plus!

Et elle fondit en larmes.

Désolé de voir se ranimer avec tant de violence des regrets qu'il croyait, non point effacés, mais en quelque sorte amortis, M. Flammant employa tous les moyens en son pouvoir afin d'apaiser cette douloureuse recrudescence; mais ses efforts échouèrent. Il se retira, emportant dans son âme les perplexités les plus orageuses. Pendant plus d'une semaine, il n'osa retourner vers celle qui n'était plus pour lui que troubles, espérances, craintes, joies, tristesses ou bonheur.

XXIV

LES FLEURS.

Reine, qui n'entendait plus parler de lui, demanda à Mme de C*** s'il était malade, puisqu'il ne venait plus la voir.

— Oui, il est très-souffrant, lui répondit la marquise.

— Mon Dieu ! il n'y a pas de danger? s'écria Reine avec inquiétude.

— Non, mais je ne le crois pas heureux.

— Si c'est qu'il a du chagrin, reprit Reine, c'est bien pire que s'il était malade! Mais, Madame, pourquoi ne vient-il pas? Des peines à deux, ça fait moins de mal.

— Vous vous intéressez donc à M. Flammant, Reine?

— Ah! certainement que je m'y intéresse; c'est un homme si bon, si sensible! Je ne l'aurais pas cru ce qu'il est... Quand je ne le vois point, il me manque quelque chose.

— Il vous reviendra, ma mignonne, lui répondit madame de C***, heureuse de constater les progrès que le capitaine avait faits auprès de sa protégée; vous pouvez, chère petite, lui rendre un peu de ce soulagement qu'il vous a donné.

— J'y tâcherai, madame; il faut lui dire. Pauvre jeune homme! Déjà aussi dans la peine!

Effectivement, quand elle le revit, elle le trouva pâle et changé.

— Allons, venez donc, monsieur Flammant, lui dit-elle en allant au devant de lui. Si vous êtes malade, je vous soignerai; si vous êtes triste, nous serons tristes ensemble.

Le jeune officier demeura deux heures au moins près de cette excellente fille, qui s'efforçait de le distraire par mille attentions délicates; elle fit plus, l'ignorante, elle sut le guérir et le consoler.

Comme il la quittait, Reine, en lui disant : « Au revoir, » s'aperçut du merveilleux changement qui s'était opéré dans sa personne, et, toute joyeuse, elle s'écria :

— Je le savais bien, moi, que ça vous ferait du bien de venir me voir! Voyez-vous, quand on a du chagrin, il ne faut pas chercher ceux qui sont heureux; ils ne savent rien vous dire qui vous aille.

Ainsi, le projet de Mme de C*** et les espérances du capitaine semblaient devoir bientôt atteindre leur but. De leur côté, le curé, sa sœur, le père Marcel, bénissaient la Providence. L'invalide disait bien de temps en temps, en essuyant une larme :

— Mon pauvre Valentin! avant peu tu seras deux fois trépassé! Mais tout de même c'est un grand honneur pour nous qu'une marchande de coco devienne la femme d'un capitaine!

Quant à M. Ewinçart, depuis qu'il avait été éconduit sans réplique, il rongeait son frein dans l'ombre. Il avait, pendant quelques jours, rôdé aux environs de la demeure de Reine; mais à la vue de M. Flammant, qui, plus heureux que lui, allait sans doute le supplanter, il battit prudemment en retraite, ne se souciant point d'avoir maille à partir avec un pareil rival.

Personnes et choses, tout semblait donc s'accorder pour reconstruire l'édifice d'un bonheur si rapidement écroulé. Déjà même dans le cœur blessé de la double orpheline se produisait comme une espèce d'engourdissement qui ressemblait à du calme, lorsqu'un léger incident vint de nouveau troubler cette surface devenue plus paisible. Le matin, Reine était allée dans le parc pour donner quelques soins à son œillet, qu'elle trouvait de plus en plus prospère; mais combien fut grande sa surprise en voyant le terrain qu'elle n'avait pas voulu faire cultiver, rempli de fleurs magnifiques et d'un éclat splendide!

— Ah! monsieur Flammant! monsieur Flammant! s'écria-t-elle d'un ton d'amer reproche, ce n'est pas délicat! Après ce que je lui avais raconté, il n'aurait dû rien planter dans cet endroit!

Et sans pitié elle arracha une à une toutes les fleurs, et les foula sous ses pieds.

Lorsqu'à l'heure accoutumée le capitaine se présenta, il demeura glacé de l'air contraint et sévère avec lequel il était reçu; la physionomie de Reine, si ouverte et si confiante quand il était entré, se contracta et devint sombre comme un lac qui tout à coup réfléchit un ciel d'orage. Il attendit sans oser demander la raison d'un phénomène aussi étrange qu'imprévu. Reine, qui voyait ce qui se passait dans l'âme du jeune homme, lui fit signe de la suivre, et d'un pas rapide elle le dirigea vers le terrain où, peu de jours auparavant, il s'était arrêté.

— Monsieur Flammant, lui dit-elle d'un ton impérieux, qui vous a donné le droit de mettre des plantes dans ce lieu?

Le capitaine la regarda avec inquiétude, car il croyait voir de l'égarement dans ses yeux; mais c'était de la colère.

— Pourquoi ne me répondez-vous pas?

— Mademoiselle, c'est qu'en vérité je ne comprends pas votre interrogatoire.

— Je crois que je m'explique comme il faut, pourtant!... Je vous demande ce qui vous a pris de mettre des fleurs dans ce terrain que j'avais réservé?... Soyez tranquille... je ne les ai pas laissées là bien longtemps... c'est que je les ai joliment piétinées...

— Mademoiselle Reine, je vous jure que je n'ai mis ni fait mettre un brin d'herbe dans cet endroit consacré à vos souvenirs.

— C'est bien sérieusement que vous niez?

— Ah! cette question me blesse, mademoiselle!

Elle le regarda profondément.

— Faut-il vous donner ma parole d'honneur, mademoiselle Reine?

— Oh! dam, je n'y suis plus!... A présent, c'est sûr que ce n'est pas vous. Mais qui donc?... Serait-ce?... oui, je devine. Encore un tour de ce malotru dont le nom seul m'agace.

— Quoi! quelque misérable aurait-il l'audace de vous tourmenter! Parlez! parlez, qui est-il? que fait-il? où est-il? que je vous en délivre à l'instant!

Les traits du capitaine Flammant s'étaient animés, ses yeux lançaient des feux sombres, toute sa personne était agitée.

— Restez tranquille, monsieur Flammant; ça ne vaut pas la peine de vous émouvoir. Si c'est celui que je crois, on n'aura pas de peine à l'empêcher de revenir : Pierre le jardinier suffira bien pour le chasser.

— Vous avez donc plus de confiance dans votre jardinier que dans un ami, mademoiselle Reine?

— Pour ça non, monsieur Flammant; c'est parce que l'individu n'en vaut pas la peine, que s'il voyait tant seulement l'ombre de votre épée, il se croirait mort. Ça ne serait pas une belle prouesse pour vous, que de faire peur à un poltron, monsieur Flammant.

— Dans tous les cas, je lui conseille de n'y pas revenir.

— Non, il ne s'en avisera pas... Mais tout de même, je vous fais bien excuse de ma vivacité, monsieur Flammant; c'est que j'étais si outrée..: Faut me pardonner de vous avoir mal jugé, mon bon capitaine!... N'est-ce pas que vous ne m'en voulez plus?

— Ah! Mademoiselle, accusez-moi injustement, pour qu'en reconnaissant la vérité vous me parliez encore avec tant de bonté.

Elle sourit, tendit sa main en signe de réconciliation et d'amitié.

XXV

PROPOSITIONS.

De nouveau sollicitée par le capitaine pour tenter une démarche qui lui semblait opportune, Mme de C*** consentit enfin à parler ouvertement à Reine et à lui proposer M. Flammant comme un parti qu'elle devait accepter avec reconnaissance. La marquise demanda ses chevaux et se rendit, sans plus de retard, chez sa jeune protégée. Lorsque Mme de C*** lui faisait l'honneur de venir dans son vert ermitage, Reine la recevait comme un bon ange que Dieu lui envoyait pour la soutenir dans ses défaillances. Cette fois, la venue de sa protectrice lui fut encore plus agréable que de coutume. Il lui restait sur le cœur un léger remords d'avoir si mal jugé et si faussement accusé M. Flammant; elle désirait savoir s'il n'en avait pas conservé contre elle un peu de rancune. La marquise l'ayant assurée que, loin d'être blessé de son injustice passagère, il s'était trouvé bien dédommagé par la manière dont elle l'avait reconnue, Reine s'écria :

— Ah! c'est une épine que vous m'ôtez du cœur, ma

chère protectrice. Je serais si fâchée de lui avoir fait de la peine, à ce bon monsieur Flammant !

La marquise, rayonnante, l'emmena dans le parc et la fit asseoir sous les grands pins, comme le jour où elle était arrivée pour la consoler. Alors Mme de C*** lui dit avec solennité :

— Reine, j'ai à causer sérieusement avec vous. Etes-vous certaine que personne ne viendra nous interrompre ?

— Il n'y a personne ici à présent, Madame. La sœur de M. le curé vient de sortir pour aller au presbytère ; le père Marcel, lui, est en visite depuis ce matin aux Invalides.

— C'est à merveille. Puisque nous pouvons causer sans la crainte d'être dérangées, écoutez-moi, ma petite amie.

Reine s'inclina respectueusement et prêta toute son attention à ce que sa protectrice allait lui dire.

— Reine, j'ai une excellente proposition à vous faire.

— A moi, Madame ?

— Oui, à vous ; et si vous l'acceptez, comme je l'espère, vous donnerez toute satisfaction à mes sentiments pour vous.

— Dites, dites, madame la marquise ! L'ancienne marchande de coco vous sera toujours soumise. Elle est trop honorée de vos bontés pour ne pas vous obéir.

— Eh bien ! mon enfant, je veux et j'exige votre bonheur !

— Hélas ! Madame, ça n'est pas possible... mon bonheur n'est plus du monde, vous le savez bien !

— Mon enfant, il y peut renaitre, ce bonheur ; votre cœur, votre raison l'y rappellent.

— Ah ! les morts ne ressuscitent pas !

— C'est pour cela qu'il ne faut pas repousser les vivants !

— Mon Dieu ! mon Dieu !... j'ai idée que je vous comprends, Madame... j'en ai peur tout de même.

— Je ne vous tiendrai pas davantage dans l'incertitude,

Reine : l'honorable capitaine Flammant demande votre main !

— Ah !... je l'avais deviné !

— Pourquoi ce cri d'épouvante, Reine ? Il me semblait que vous ressentiez de l'affection pour M. Flammant ?

— Oh ! non pas comme vous l'entendez, Madame... J'ai de la reconnaissance pour lui, parce qu'il a été bon pour moi... et voilà tout.

— Rien de plus, ma pauvre enfant ?

— Rien de plus, surtout à présent, madame la marquise.

— Comment ! vous refusez le meilleur des hommes, le plus loyal, le plus généreux, et qui a conçu pour vous une passion sérieuse, profonde, désintéressée ; car ce n'est pas votre fortune qui le tente, il n'en a pas besoin. Enfin, vous repoussez un mari... écoutez-moi... auquel votre modestie, que je connais parfaitement, n'aurait point osé prétendre. Songez quelle place et quelle position il vous offre !

— Madame, j'aurais pu m'attacher à M. Flammant à cause de ses bonnes qualités ; mais je ne suis pas assez orgueilleuse pour vouloir d'un rang autre que le mien, ni d'une place qui ne m'appartient pas.

— Je reconnais là votre belle âme, ma noble Reine ; mais ce rang, cette place, vous les méritez par une valeur plus haute que celle des convenances ; et si M. Flammant, ne considérant que vous-même, vous les sacrifie sans peine, vous ne devez point hésiter. D'ailleurs, je ne vous demanderai d'abord qu'un sentiment d'affection et de reconnaissance pour l'homme honorable que je vous propose ; plus tard, en lui rendant justice, votre attachement pour lui ne pourra qu'augmenter.

Reine prit la main de la marquise, et, la posant sur son cœur, elle lui répondit avec un accent et un regard d'une affliction inguérissable :

— Madame, ma bien-aimée protectrice, le meilleur des hommes, le plus loyal, comme vous avez dit, le plus brave, le seul que j'aie aimé, que j'aimerai jusqu'à ma fin... il est là... là, dans ce pauvre cœur fidèle à son souvenir, comme il aurait été fidèle à lui, si Dieu me l'avait conservé!... Jamais... Jamais, non, non, jamais Valentin ne sera remplacé!

— Vous êtes bien jeune, ma chère enfant, pour éterniser une douleur.

— Jeune! moi, jeune, hélas! Je me sens si loin de ma jeunesse!... Il me semble à présent qu'il y a longtemps, bien longtemps que je vivais gaie, contente, heureuse, ne sachant seulement pas comment m'y prendre pour être triste... Mais il est arrivé un grand événement qui a fait monter beaucoup de larmes dans mes yeux... Pauvre frère!... Et puis, un malheur, un malheur qui empêche qu'elles sèchent jamais!

— Ma chère inexpérimentée, reprit la marquise, vous ne savez pas que malgré nous, à la longue, la douleur s'apaise et les larmes tarissent.

— Ne dites pas ça, Madame; tant que je le pleure, je crois qu'il est près de moi et qu'il m'entend!... Si je pouvais me distraire... il s'en irait peut-être!

— Mais si nos larmes sont à ceux qui ne sont plus, notre commisération appartient à ceux qui restent et qui souffrent. Que va devenir M. Flammant, quand je lui rapporterai votre refus?... Je le plongerai dans le désespoir...

— Faut souhaiter que non, Madame; car enfin, un capitaine qui est bien éduqué, bien savant, qui fréquente le beau monde, doit comprendre qu'une ancienne marchande de coco, qui est ignorante comme une carpe, qui ne sait rien de rien de la grande société, qui est accoutumée à des soldats ou à des vivandières, lui convient comme une oie à un aigle.

— Mais en d'autres termes, répliqua la marquise, ne pouvant s'empêcher de sourire à la comparaison de Reine, en d'autres termes, dis-je, je lui avais fait cette même objection ; il m'a répondu que son projet était de vous instruire, de vous former aux manières de sa société, de vous rendre digne de lui, digne d'un monde où, à défaut de naissance, sa noble profession le place, digne enfin de vous-même, car l'éducation seule vous manque, ma jolie Reine.

— Allez, madame la marquise, à mon âge on ne va plus à l'école; la tête est trop dure. Quand même, je ne saurais pas me gêner pour faire-la dame, pour parler, pour faire la révérence; j'enverrais tout promener: je n'ai pas ces habitudes-là. Ces femmes couchées dans leur grand fauteuil, ou dans leur voiture, m'ennuieraient à voir toujours comme des momies qui n'ont ni bras ni jambes.

— Je vous ennuie donc, Reine, lui dit la marquise en riant du tableau.

— Vous, madame la marquise! Vous êtes une belle fée pour enjôler tous ceux qui vous voient. Moi, j'ai honte de ne pas vous parler à deux genoux.

— Eh bien! Reine?

— Madame!

— Quoi! pas une lueur d'espérance?

— Puisque je n'en ai plus sur la terre, je ne puis pas en donner.

— Que lui dire, mon Dieu!

— Que je ne peux pas l'épouser.

— C'est votre dernier mot?

— Oui, oui, il ne faut pas le tromper.

— Il sera si malheureux!

— Vous, Madame, qui êtes bonne, bonne au point que je ne saurais dire, vous le consolerez, comme vous avez voulu faire pour moi; il vous écoutera: vous serez une sœur de charité, une sainte, un ange, tout un paradis pour lui!

XXVI

CONSOLATIONS.

Madame de C***, tristement désappointée, remonta dans sa voiture, cette fois sans laisser à sa protégée le bienveillant adieu qui ressemblait à une promesse de retour. Reine vit avec chagrin s'éloigner celle qu'elle aimait de tout ce qui lui restait de sentiment possible dans le cœur ; puis elle s'écria pleine d'amertume :

— Ai-je assez de malheur ?... Je sens bien que je lui fais de la peine... et je ne peux pas faire autrement !

La marquise avait donné l'ordre à son cocher de faire un long détour avant de rentrer à son hôtel, où M. Flammant était en proie à toutes les oppressions d'une attente accomplie ou frustrée. Les choses pénibles sont assez vite connues se disait la noble femme qui venait d'échouer dans les deux charitables missions qu'elle avait entreprises, celle de consoler une affligée et celle de faire des heureux. Dans son zèle trop ardent, elle n'avait pas assez compris le caractère de la jeune fille, si mobile au milieu des intérêts vulgaires et d'une imposante fixité en face du grand sérieux de la vie.

Et tout en déplorant une résolution qui allait river deux êtres à la chaine du malheur, et couper dans sa racine la destinée d'un honnête homme, Mme de C*** ne pouvait refuser une certaine admiration a celle qui déconcertait toutes ses prévisions ordinaires.

Pour la désolée Reine, elle s'était enfuie de sa demeure pour aller réfugier ses nouvelles tribulations dans le sein d'un paternel ami. En entrant toute essouflée au presbytère, elle s'écria avec une véhémence qui n'était plus dans ses habitudes :

— Monsieur le curé, il faut que vous veniez à mon secours!... Je me dévore au milieu de cent mille tracasseries que je ne veux plus endurer.

— Allons, allons, ma chère enfant, apaisez-vous : le mal s'aigrit toujours par la violence. De quoi s'agit-il?

— D'un tas d'épouseurs qui en veulent à mes écus (excepté M. Flammant qui vaut mieux que tous ces crasseux d'intéressés) ; tenez, monsieur le curé, je viens à vous pour ma délivrance.

— Parlez, ma fille, je vous écoute.

— Eh bien! tous les jours, c'est s'il vous plait, une lettre d'un épouseur; c'est une maman qui vient me demander à moi-même pour son fils qu'est pauvre comme Job, mais ça me serait bien égal ; mais... Et puis encore ne voilà-t-il pas un vieux chien de tuteur qui est embarrassé dans ses comptes et qui voudrait bien ma dot pour se débrouiller avec son pupille. Ah! bien oui, ce n'est pas tout. Ce que c'est pourtant que l'argent, mon Dieu ! Un veuf de quarante ans me prie et me supplie d'aller au plus vite remplacer sa défunte ; qu'il m'attende, le sans cœur ; il n'y a pas six mois que sa femme est morte!... Et dans tout cela je ne compte pas M. Ewinçart, un industriel celui-là comme il y en a que trop sur les chemins, pour le malheur des honnêtes gens. Plus ils sont partis de bas, plus ils font la roue comme des dindons ; oh! les vilaines gens!... Enfin, que vous dirai-je, monsieur le curé; ils vont jusqu'à me faire des déclarations avec des fleurs qu'ils plantent la nuit dans mon jardin, et que j'ai la peine d'arracher tous les jours. Il est temps que tout ça finisse, mon bon monsieur le curé; cherchez-moi un hospice, le plus pauvre que vous trouverez; je lui donnerai tout ce que je possède et moi par-dessus le marché. Au moins, là, je serais tranquille, je n'ai que faire d'éducation pour soigner les malades, ou prier le bon Dieu qui entend tous les langages. Vous viendrez me voir et madame la marquise aussi. Ah! ça m'essoufle!... Il y a si longtemps que je n'en ai dit si long!

— Puisque tel est votre désir, ma chère demoiselle, lui répondit le pasteur, nous nous occuperons de vous chercher un asile où vous vivrez dans la paix du Seigneur; où les bruits du monde ne viendront point troubler votre esprit, ni les passions des hommes tourmenter votre âme. Là, tout sera changé pour vous, même vos chagrins qui perdront de leur amertume; et si dans ces pieuses retraites, on ressent encore parfois quelques-uns des aiguillons de la vie terrestre, ce n'est plus qu'un avertissement d'en haut pour nous rappeler que pâtir et mourir, c'est la loi des enfants déchus!

— En voilà des paroles pour faire du bien! dit Reine en pleurant et souriant tout ensemble. A quand, mon bon monsieur le curé, pourrai-je voler dans ce nid du bon Dieu pour y cacher mes grandes peines?

— Vous êtes donc bien pressée de prononcer des vœux qui vous sépareront du monde comme le ciel est séparé de la terre?

— Pour ça oui, monsieur le curé, le plus tôt sera le mieux. Je suis si lasse!... Vite, vite, que je me repose!

Le pasteur examina attentivement la jeune fille, et lut dans ses yeux, ces révélateurs de l'âme, une exaltation dont il demeura frappé et qui le fit gravement réfléchir.

— Un instant, Mlle Reine; ne nous hâtons point d'agir avec inconséquence ; le parti que vous voulez prendre est trop sérieux. Si c'est uniquement pour vous reposer des fatigues de votre cœur et des ennuis de votre position, que vous allez à Dieu, le motif est trop humain, et cela ne suffit pas encore. Parlez-moi avec cette franchise qui m'a toujours plu dans votre caractère : si aujourd'hui, à cette heure même, votre pauvre Valentin pouvait être rendu à la lumière, vous retireriez-vous dans un couvent?

— Ah! dame, non, monsieur le curé!

— Vous préférez donc un homme à votre Dieu?

— Non ; mais comme il n'a pas défendu qu'on aime un brave et digne homme, j'aimerais Valentin, ce qui ne m'empêcherait pas d'aimer aussi le bon Dieu, et de le remercier de ce que je serais aimée pour ma part... Hélas! monsieur le curé, ajouta-t-elle en versant beaucoup de larmes, par malheur, ce sont des suppositions impossibles... ça ne change rien à ma volonté.

— A votre volonté, non, reprit le pasteur ; mais voyons clair, ma chère enfant, dans votre conscience, et soyez toujours sincère. Pardonnez si je mets un peu rudement la sonde dans vos plaies; c'est mon devoir.

— Parlez, mon père ; je serai soumise.

— Les regrets que vous éprouvez de la perte de ce brave qui vous était destiné, et que le fer a moissonné aux champs des combats dans tout l'épanouissement de la jeunesse, ces regrets, dis-je, sont-ils moins vifs, moins douloureux qu'au moment où vous avez appris sa mort? Vous sentez-vous plus résignée?

Un instant Reine, suffoquée par ses sanglots, ne put répondre.

— Monsieur le curé, dit-elle ensuite d'une voix entrecoupée de larmes, pour ne point vous mentir, j'avoue que plus je vas, plus mon chagrin augmente: c'est comme un peloton qui déroulerait toujours son fil sans s'arrêter. Ce que je sens ressemble à une plaie qui se creuserait davantage, au lieu de se fermer.

— Alors, il nous faut attendre que la plaie soit devenue moins vive; car lorsqu'on sent trop son mal, on en est absorbé.

— Mon Dieu!... mais si ça allait en s'empirant!... J'en ai la fièvre rien que d'y songer!

— Ne craignez pas cela, ma fille; la Providence a posé une mesure à toute chose, à la joie comme au chagrin. Allons, Reine, courage, un peu de patience, beaucoup de résignation, et Dieu nous fera la grâce de le préférer même à notre douleur. Néanmoins, je vais m'occuper de vous chercher ce pieux sanctuaire de charité auquel votre âme aspire, et bientôt, je n'en doute pas, vous serez digne de l'habiter.

XXVII

RÉUNION.

En rentrant, Reine trouva le père Marcel, qui, de retour des Invalides, avait été surpris de voir l'habitation déserte. L'orpheline lui raconta tout ce qui s'était passé depuis le matin, et quelle rude journée elle avait eu à supporter.

— Comment, mamzelle Reine, s'écria l'invalide, vous avez refusé le capitaine Flammant!... un capitaine avec deux belles épaulettes, et qu'est en train de devenir colonel!

— Qu'est-ce que ça me fait, des épaulettes!... Je ne veux pas plus d'un capitaine que d'un général. Est-ce que la petite fille de la mère Radis, une cantinière, ne montait pas déjà assez haut en devenant la femme d'un brave sous-officier? Tenez, mon vieil ami, vous aussi faisiez infidélité à la mémoire du pauvre Valentin! C'est mal à vous, tout de même!

— Non, non, ma petite Reine, détrompez-vous! Si je me réjouissais un peu de vous voir consolée, il me restait un œil pour pleurer le cher défunt. Mais dites donc: je viens de rencontrer M. Ewinçart, qui furetait tout autour du parc ; quand il m'a vu, il s'est dissimulé dans le petit bois. Qu'est-ce que donc que ce mauvais chrétien-là vous veut encore?

— Je n'en sais rien, mais j'ai idée que c'est lui qui vient la nuit mettre les fleurs que j'aime dans le terrain que j'avais réservé. Je les arrache pourtant tous les matins.

— C'est sûr, mamzelle Reine, que c'est lui. Il sait vos goûts ; il espère, à la longue, vous prendre à sa glu... Parie que c'est encore l'Ewinçart qui, pendant que vous n'y étiez pas, a envoyé ce beau lis rose que vous voulez qu'on reporte à M. Flammant.

— Si je croyais que cette jolie fleur me soit venue de ce vilain homme d'Ewinçart, je l'enverrais par-dessus le mur, et il verrait, quand il rôde autour de mon terrain, le cas que je fais de ses cadeaux.

Depuis son refus d'épouser M. Flammant, Reine n'avait pas revu la marquise ; mais il avait été si malheureux, que, dans la crainte qu'il ne se livrât à quelque acte de désespoir, Mme de C*** l'avait en quelque sorte fait garder à vue. Assurée que tout était fini pour lui, elle l'engagea à retourner en Afrique pour rejoindre le général dans la Kabylie. L'infortuné capitaine accueillit cette proposition avec l'âpreté d'une joie sauvage.

— Là, du moins, dit-il en laissant errer sur ses lèvres un de ces sourires qui donnent le frisson, j'aurai la chance d'une balle pour achever une existence sans avenir et déjà plus d'à moitié éteinte. Soyez bénie, madame la marquise, pour tout ce que vous avez voulu faire, et si je trouve la mort sur cette terre belliqueuse, soyez encore bénie mille fois davantage.

Madame de C*** tressaillit en lui disant adieu, et quand il se fut éloigné, elle vint retrouver la trop constante orpheline.

— Vous ne m'avez donc pas abandonnée, madame? lui dit Reine, tremblante d'émotion.

— Vous abandonner ! et pourquoi ?... Parce que je n'ai pas eu la puissance de vous consoler. Vous vous trompez, Reine, sur ma longue absence ; j'allais au plus pressé. Ce malheureux, dont je n'ai pas eu non plus le secret d'apaiser les tourments, avait besoin de surveillance. Je redoutais pour lui la solitude désolée ; je craignais que dans un accès de désespoir, il n'allât vous faire une scène déplorable. J'écrivais à mon mari de le demander en Afrique, pour le dépayser, pour qu'il cessât de respirer un air qui lui était funeste... celui que vous respirez vous-même. Enfin, cet homme estimable et digne d'un meilleur sort n'est plus en France... Que le Ciel le protége sur cette autre terre où il va, je le crains, chercher la fin de son supplice !

— Faut-il donc, mon Dieu ! que je sois venue au monde pour endurer tant de peines et pour en faire endurer aux autres ! Tenez, madame, je suis comme M. Flammant, je voudrais mourir !... Mais puisque le bon Dieu ne veut pas me prendre, j'irai m'enterrer dans un hospice. C'est bien décidé ; je l'ai annoncé ce matin à M. le curé.

— Peut-être avez-vous raison, ma pauvre petite ; le bien que nous n'avons pu faire, nous créatures infimes et bornées, Dieu tout-puissant le versera à flots dans votre âme. Cette vie d'agitation vous mine ; votre organisation est trop faible pour votre moral, qui la surcharge. La lutte vous épuise ; il vous faut d'autres secours que ceux de la terre.

— Ah ! comme vous dites vrai, ma digne protectrice ! Ça m'encourage tant, que vous m'approuviez ! c'est preuve que j'agis comme je dois. Lorsque j'appartiendrai au bon Dieu, que je serai une fille hospitalière, vous m'appellerez ma sœur ! Oui, moi, une grossière marchande de coco, appelée sœur par une si grande dame ! J'en ferai, je crois, le péché d'orgueil !

— Que dites-vous, Reine ? Vous serez alors dans un ordre supérieur, et par conséquent plus élevée que moi devant la majesté divine !...

Ce fut avec une activité fébrile que Reine s'occupa des préparatifs de sa retraite, bien que le curé l'eût ajournée à quelques mois encore. Elle chargea un notaire de retirer ses fonds à une époque assez rapprochée, et fit dresser d'avance un acte de donation pour l'hospice où elle comptait se retirer ; elle mit son habitation en vente, assura au brave invalide une bonne pension qui lui permît de vivre dans une aisance relative; enfin, toutes ses dispositions faites, elle éprouva un soulagement inattendu, ses nuits retrouvèrent du sommeil et ses veilles furent moins agitées. Elle espérait voir abréger le temps d'épreuve qu'une respectable autorité lui avait imposée.

Néanmoins, la certitude qu'à la faveur des ombres, un impertinent, malgré la surveillance, s'introduisait dans son parc, ne laissait pas de lui inspirer des craintes sérieuses. Une fois que le crépuscule enveloppait sa demeure, elle n'osait plus s'aventurer sous ses beaux ombrages. Déjà, par sa fenêtre, à une heure très-avancée de la nuit, elle avait entrevu un personnage couvert d'un vaste manteau, et qui se baissait près d'un sombre massif où le plus léger bruit comme le moindre mouvement le faisait disparaître. A la lenteur de sa démarche embarrassée, à l'ampleur de toute sa personne, elle avait reconnu M. Ewinçart; mais un nuage ayant passé sur le croissant, tout était rentré dans les ténèbres ; quand le disque reparut, l'apparition s'était éclipsée. Les nuits suivantes, personne ne revint.

La jeune fille se souvint qu'elle avait laissé, par inadvertance, sa lampe allumée ; la vue de cette faible lumière avait sans doute effrayé le craintif industriel. Elle se promit de plonger dorénavant sa maison dans une obscurité profonde. Cette précaution réussit, car la nuit suivante, le rôdeur nocturne voyant l'habitation sombre et dans le repos, se mit à la besogne sans désemparer.

— Oh! pour cette fois, j'en suis sûre, se dit-elle, c'est bien mon abominable Ewinçart !... Qu'il plante, qu'il plante tant qu'il voudra à présent; mais la nuit prochaine, nous lui ferons une belle peur!

Au déjeuner, elle communiqua toutes ses découvertes au père Marcel, et surtout la dernière, qui ne lui laissait plus de doute.

— C'est fameux! s'écria l'invalide; Pierre et moi, nous te dégoûterons à jamais, beau jardinier de minuit. Nous...

Et il fit un geste significatif.

— Non pas, s'il vous plait, interrompit Reine, je défends qu'on y touche; je permets seulement qu'on le menace, qu'on le poursuive, pas du côté de la brèche par où il peut venir, mais dans le sentier qui passe devant la haie d'aubépine : il ne faut pas qu'il nous échappe, attendu que je veux le confondre avant de le chasser comme un pleutre.

— Soit, Mlle Reine; on l'effraiera, voilà tout. Maintenant, dressons nos batteries.

— Oui, dit Reine; mais je veux être aussi dans le parc, pour aider à cette chasse au chat-huant. Pierre, le jardinier, se cachera sous le frêne pleureur; vous, père Marcel, vous vous placerez un peu plus loin dans le fourré : moi je me mettrai plus en avant sous les cèdres, pour mieux voir et vous avertir. Nous descendrons à onze heures et demie, et nous prendrons nos positions: surtout ne les quittez pas avant le signal que je vous donnerai.

Le lendemain fut sombre, orageux, la chaleur étouffante.

— Il ne viendra pas, dit Reine au père Marcel; monsieur craint que la pluie l'enrhume; c'est le tonnerre qui lui fait une fameuse peur, à cette mauvaise conscience!

Cependant, vers le déclin de la journée, quelques légers souffles venant à s'élever répandirent une douce fraîcheur et dissipèrent les nuages. Quand elle vit s'éteindre les dernières lueurs du couchant, elle soupira... mais une soirée délicieuse précéda bientôt une nuit pure et sereine. En attendant l'heure où l'audacieux s'introduisait furtivement dans son enclos, Reine, appuyée sur le balcon de sa fenêtre, respirait avec une jouissance qu'elle n'avait jamais éprouvée les effluves embaumées qui s'exhalaient des bois et des plantes, et ses yeux se plaisaient à voir les rayons de la lune former sur les eaux argentées de la rivière mille plis capricieux et frémissants. Dans ces heures paisibles, son cœur se rassérénait et sa pensée priait. Elle entendit sonner l'horloge à l'église du village.

— Il est temps, se dit-elle.

Et en toute hâte elle descendit, alla prévenir l'invalide, qui l'attendait avec le jardinier, et tous trois se dirigèrent vers les lieux où ils devaient se tenir en observation.

— Cachez-vous bien, leur recommanda Reine; surtout ne bougez pas avant mon signal. Il est bien entendu que vous lui couperez la retraite, mais voilà tout.

Ils lui promirent de se conformer à ses volontés, et chacun se rendit en silence à la place qui lui était assignée. Reine se cacha sous un massif de cèdres à l'épaisse et fine chevelure. Un calme religieux régnait dans cette ombreuse solitude. La jeune fille compta les douze coups de minuit : rien ne paraissait encore...

— Il ne viendra point, murmurait-elle impatientée.

Elle achevait à peine qu'un froissement de feuillage se fit entendre. Elle devint tout yeux et tout oreilles. En même temps, une lumière rougeâtre se répandit sur les buissons, des pas étranges firent craquer le sable durci par les chaleurs de la canicule ; une ombre s'allongea dans l'étroit sentier qui conduisait à la portion de terrain non cultivée. Involontairement Reine tressaillit. Enveloppé dans son manteau, le rôdeur attendu s'avança d'une marche indécise ; appuyé au tronc d'un érable, il leva la tête pour s'assurer, sans doute, si l'habitation était sans bruit et sans lumière. Il resta longtemps en observation et dans la même attitude ; mais comme il regardait du côté opposé au massif où Reine se tenait cachée, elle ne pouvait distinguer ses traits. Néanmoins, il ne lui vint pas le plus léger doute sur l'identité du personnage : c'était bien allure inquiète, embarrasée. Dès qu'il fut certain que toute la maison était profondément endormie, il posa sa lanterne sur le gazon ; puis, ayant ramassé quelques-unes des fleurs qu'il avait plantées la veille, et qu'on avait arrachées sans pitié, il fit un geste de dépit, et comme un soupir d'impatience sortit de sa poitrine. Reine fut prise d'un fou-rire, qu'elle étouffa pour ne point se trahir, attendu qu'elle voulait voir et laisser faire jusqu'au bout, afin de détruire l'insolent travail sous les yeux mêmes du planteur obstiné.

Il se mit à la besogne avec une telle agitation, une activité si fébrile, qu'une plante n'en attendait pas une autre, et qu'en peu d'instants, une corbeille de fleurs qui paraissaient magnifiques, même aux blanches clartés de la nuit, se dessinait dans ce terrain qui avait été religieusement réservé pour une main bien chère, hélas !...

Quand cet homme eut bien contemplé son œuvre, jeté un dernier regard sur l'habitation et ses alentours, il reprit sa lanterne, rassembla les plis de son manteau, abaissa un grand feutre sur son front, et il se disposait à prendre le chemin de la brèche qui lui servait d'entrée, lorsque la jeune fille sortit comme une flèche du sombre feuillage, s'élança sur lui en frappant trois fois des mains... Au même instant, un grand cri retentit dans l'espace...

L'invalide et le jardinier, qui de toute vitesse accouraient au signal de Reine, se sentirent comme frappés de la foudre en entendant ce cri et en la voyant s'affaisser sur elle-même.

— Assassinée !... assassinée !... s'écria le père Marcel, hors de lui. Ah ! mon Dieu !...

Et tout haletant, les yeux éblouis de leurs propres éclairs, il se précipita en avant ; le jardinier le suivait, pâle comme un spectre. Enfin, par un suprême effort, le pauvre invalide, retrouvant une élasticité presque juvénile, fit un bond ; puis, muet, dans un saisissement inexprimable, il s'arrêta... Reine était inanimée.

— Oh! non... c'est impossible... Ma vue se trouble... ah! je n'y vois plus!... Pour la première fois de ta vie, la peur te gagne!... Tu es donc fou?... Ça n'est pas vrai, n'est-ce pas? C'est son ombre!... Mais qu'il parle donc!

En ce moment, Reine, qui n'était qu'évanouie, souleva ses paupières, et, fixant un regard indicible sur celui qui le soutenait :

— Valentin! Valentin!... s'écria-t-elle à travers un flot de larmes; lui! Valentin!...

Puis, elle saisit sa main, et, toute chancelante, l'entraîna dans un rayon lumineux. Par un mouvement rapide le manteau dont il était enveloppé étant venu à tomber, Reine vit qu'il avait perdu une jambe, et que son front était partagé par une large et profonde cicatrice. Elle poussa une exclamation frémissante!...

— Reine! Reine! lui dit-il d'un cœur navré, ne me regardez pas, je ne dois plus vous plaire!

— Merci, mon Dieu, de me l'avoir rendu : car c'est bien lui que je revois!...

— Oui, oui, c'est votre fidèle Valentin!... Mais sandis! tout défiguré et avec cette maudite jambe de bois... Cadédis! c'eût été mieux d'être mort, peut-être.

— Taisez-vous, Valentin, c'est un péché d'ingratitude, ce que vous dites-là? Une pareille blessure, n'est-ce pas mieux qu'une couronne? et cette jambe de bois... c'est de la gloire, entendez-vous? Mais où avez-vous été si longtemps, d'où venez-vous?

— Vous le saurez, Mlle Reine, je vous raconterai tout. Eh! sandis, ce n'est pas pour mon plaisir que je restais hors du pays.

— Allons, allons, est-ce que je n'aurai pas mon tour? interrompit le vieil invalide; les anciens sont-ils oubliés?

— Embrasse-moi donc, mon vieux camarade, lui répondit Valentin ému et en lui ouvrant les bras; Cadédis, on dirait que tu es tout déconfit de me revoir.

— Nom d'un nom ! c'est qu'on ne t'attendait plus. Sais-tu que tu es diantrement heureux d'en être quitte à si bon marché ! nous t'avons assez longtemps pleuré mort !

— Sandis ! comme tu y vas ; qu'est-ce qu'il me faudrait encore de moins que ma jambe?

Depuis un instant, des pas empressés s'avançaient dans la direction d'une allée où Reine et ses amis venaient de s'asseoir, et bientôt on vit le curé, que sa sœur avait été réveiller, s'avancer plein d'une vive satisfaction, vers le groupe pleurant encore le retour du bonheur. Aussitôt Reine lui présenta Valentin et les bras du pasteur s'ouvrirent pour recevoir celui que la Providence avait si miraculeusement conservé. Ensuite il félicita les deux jeunes gens de leur réunion inespérée.

— Bénissons Dieu, mes enfants ; la récompense a suivi de près l'épreuve ; une épreuve bien rude, Mlle Reine, n'est-ce pas ?

— Oh ! oui, et dont je ne suis pas encore revenue !

Comme la nuit était fort avancée, le pasteur proposa d'emmener Valentin coucher au presbytère ; le sous-officier lui serra la main et Reine le remercia avec effusion. En se quittant pour bientôt se revoir, chacun sentait une douce quiétude s'insinuer dans son âme.

— A demain ! s'écrièrent plusieurs voix ensemble.

— A demain, mes amis, répondirent le pasteur et le soldat.

XXVIII

BONHEUR ET JOIE.

Quel réveil pour ces cœurs, hier encore désolés dans une funeste absence, aujourd'hui réunis pour devenir inséparables ! Dès le matin, Reine avait mandé à la marquise le retour de Valentin, et le saisissement qu'elle avait ressenti à son apparition inopinée. En même temps elle sollicitait la permission de lui présenter l'ancien sous-officier du général de C***.

Au lieu de les attendre, madame de C*** vint chez sa petite protégée. A peine la bienveillante protectrice eut-elle posé le pied dans cette demeure si longtemps le morne séjour des regrets et des larmes, maintenant animée de joie et d'épanouissement d'âme, que toutes les voix s'élevèrent à l'unisson pour exprimer le redoublement de félicité que venait causer sa présence.

Avec cet élan de bonté et de grâce dont elle était douée, la noble dame embrassa Reine et tendit la main à Valentin qui s'inclina sans oser y toucher.

— Allons, mes amis, félicitons-nous d'une réunion que

le Ciel réservait à cette jeune fille si souvent exposée, et si constamment sage.

Et jetant un regard de commisération sur le jeune mutilé, elle lui dit avec émotion ;

— Brave soldat, qui portez les marques glorieuses de votre dévouement à la France, vous recevez aussi la digne récompense de votre courage et de vos vertus militaires. Ce trésor confié à la Providence, et que vous retrouverez aussi pur, aussi fidèle que vous l'avez laissé, vous dédommagera de vos pertes et de vos sacrifices.

— Ah! sandis! madame la marquise, je ne mérite pas ce trésor ; mais du moins je l'estime à toute sa valeur, répondit Valentin, touché profondément.

— Madame, interrompit la jeune fille en pressant doucement la main de Valentin ; je connais si bien votre grand cœur que je vous attendais, et que je n'ai pas voulu, malgré ma grande curiosité, laisser Valentin nous raconter ses terribles aventures tant que vous ne seriez pas arrivée. Si vous l'autorisez à parler, il va commencer.

— Comment! non-seulement je le veux bien, mais j'ai le plus avide désir de l'entendre. Placez-vous en face de moi, monsieur Brice, et ne supprimez rien de ce qui vous est arrivé.

Après qu'il eut respectueusement salué, Valentin s'assit et parla en ces termes :

— Madame la marquise, monsieur le curé, puisque vous avez la bonté de m'écouter, je vous dirai donc que jusqu'à la prise de Malakoff, les balles, les boulets, la mitraille avaient bien voulu m'épargner. Je m'en réjouissais pour Reine et pour moi, puisque nous nous étions promis d'être l'un à l'autre au retour de la campagne. Déjà nos braves avaient franchi la brèche, bousculé tout ce qui se trouvait sur leur passage, et sandis! un des nôtres, qu'un beau sort favorisait, venait d'attacher le drapeau français au faîte de cette tour de malheur, lorsque plusieurs de nous approchant d'un bastion qu'on ne soupçonnait pas être miné, il vint à sauter et nous enleva tous à une hauteur que nous n'avons jamais pu apprécier. Dire ce que je suis devenu après ce voyage sans ailes dans le plus haut des airs, sandis ! je ne le sais pas... Il y avait sans doute déjà bien des jours et des nuits que je vivais sans m'en douter, lorsqu'un beau matin j'ouvris les yeux, et je ne fus pas peu surpris de me trouver couché dans un hôpital, mon lit entouré de soldats russes, et parmi eux un officier supérieur.

« D'abord, à la vue de ces larges poitrines que nos baïonnettes avaient si crânement caressées (c'étaient de bons et braves camarades que ces soldats russes) ; n'importe, en les apercevant, je fis un saut dans mon lit et voulus prendre mon sabre, croyant que la bataille durait encore ; mais l'officier, s'étant approché, arrêta mon ardeur, et me dit en bon français, ma foi :

» — Halte-là ! je vous prie, mon ami ; la guerre est terminée, et vous êtes notre prisonnier. Nous vous avons trouvé sous un monceau de morts, et, comme vous respiriez, quoique faiblement, nous vous avons recueilli, veillé, soigné de notre mieux, et si vos blessures se guérissent, comme nous l'espérons, nous vous rendrons à votre patrie. En attendant, calmez-vous, soyez docile, et laissez-vous traiter par le chirurgien que voilà.

» Ces bonnes paroles apaisèrent ma violence, comme le vent après l'orage. La raison me revint avec tous mes souvenirs. Alors, je remerciai l'officier, et m'abandonnai comme un enfant aux mains du docteur. J'aurais bien voulu pouvoir écrire en France, mais on ne voulut pas le permettre ; je me résignai donc à attendre ma guérison. La blessure que j'avais reçue à la tête, bien que large et profonde, n'était pas dangereuse ; celle de ma jambe... c'était autre chose : après avoir bien bataillé pour la conserver, sandis ! il a fallu me résoudre à perdre ce membre !... Enfin, je ne saurais vous dire tous les bons soins, les attentions, les politesses de ces hommes aussi généreux hôtes chez eux qu'intrépides soldats sur le champ de bataille. Malgré tout, je grillais de sortir de ce lit de misère, où je me désolais depuis plusieurs mois. Je songeais à ma patrie, à vous, mademoiselle Reine, à mon père, à ma pauvre mère, auxquels je ne pouvais faire savoir ce que j'étais devenu.

» Enfin, quand je pus me tenir debout sur ma bonne jambe et sur cette quille maudite, et que je me regardai dans un miroir, je me trouvai si affreux en un pareil état, que je me désolai de n'être pas mort à Malakoff. Dès lors, je formai le projet de retourner clandestinement chez mon père, et de ne jamais me représenter devant vous, mademoiselle Reine : je préférais vous savoir pleurer ma perte, que de vous causer peur et dégoût, sandis ! J'étais trop laid.

— Merci, monsieur Valentin, interrompit Reine outrée; pour qui me preniez-vous, s'il vous plaît, de me croire capable de vous repousser parce que vous portez les marques de votre grande valeur?...

— Quel motif peut avoir changé votre mauvais dessein, monsieur Brice? lui demanda le curé.

— Eh! mon Dieu, je n'ai pu résister à la tentation de la revoir, mais sans me montrer; je voulais aussi lui laisser de mon passage celles des fleurs qu'elle préfère : Peut-être, me disais-je, devinera-t-elle le pauvre Valentin.

— Est-il possible? interrompit Reine, animée par une sorte de colère; c'est mal d'avoir agi comme ça, bien mal, entendez-vous? c'est stupide aussi, surtout après m'avoir vue! Vous en avez été puni; car j'aurais plutôt soupçonné le diable, que de croire que c'était vous qui aviez le courage de me voir sans me dire : Reine, me voici!

— Ne vous fâchez pas, mademoiselle Reine, je vous en prie : en vous voyant, sandis! je n'y aurais pas tenu... le pauvre Valentin vous aurait au moins dit adieu!... Mais un monsieur Ewingart, que j'avais rencontré sur le chemin de fer...

— Allons, voilà ce misérable, à présent! interrompit la jeune fille, doublement irritée.

— Je disais donc, reprit Valentin en souriant avec finesse, que ce monsieur Ewinçart m'avait annoncé votre mariage comme très-prochain avec monsieur Flammant, et que madame la marquise avait plus que personne contribué à cette union. Ah! sandis! combien je regrettais ma jambe!

— Vous êtes donc bien crédule, monsieur Brice, puisque le premier venu vous inspire toute confiance? dit Reine, de plus en plus exaspérée.

— Mais puisque je voyais cet officier venir chez vous toutes les fois que je m'y tenais caché... puisque je vous ai vue en grande conversation avec lui, et lui serrer la main à l'endroit juste où, la nuit, je plantais des fleurs... j'ai dû croire que vous m'aviez oublié... écoutez-moi jusqu'au bout... et que puisque vous étiez devenue riche, un capitaine vous convenait mieux qu'un pauvre montagnard sans fortune, à présent sans carrière, sans jambe, et presque défiguré!... Cadédis! avais-je si grand tort?... Madame la marquise, s'il vous plait de le dire.

— Non, Reine, toutes les apparences justifient M. Brice, et sa délicatesse lui imposait le plus grand des sacrifices; ne le comprenez-vous pas?

— Eh bien! je vous en demande pardon, madame, Valentin n'a pas su juger Reine; j'aurais jeté par la fenêtre cette fortune de malheur, s'il avait répugné à la partager avec moi. Eût-il été défiguré, même aveugle, je me serais fait son chien pour le conduire, et j'aurais repris mon état de marchande de coco pour le faire vivre. Ça n'empêche pas que je lui tiens rancune pour son manque de jugement.

— Sandis! mademoiselle, quelle rigueur! Si vous ne me pardonnez pas, vous allez troubler toute ma joie d'être auprès de vous! D'ailleurs, n'est-ce pas M. Ewinçart qui a causé l'erreur?

— Oh! quel vilain homme, dit Reine, quelque peu radoucie envers le trop crédule Valentin; j'espère que ce sera le dernier mauvais tour qu'il me jouera, le misérable!

— Et cadédis! vous l'avez dit; le gredin vient de faire faillite d'un demi-million, et il s'est sauvé aux Etats-Unis, emportant quatre cent mille francs en sus à ses créanciers.

— Voyez-vous le voleur! Je savais bien moi qu'il finirait par là ou par le bagne, et votre argent, madame la marquise?

— Perdu! C'est assez fâcheux pour nous, car c'était une portion de la dot de mon fils.

Après le récit du sous-officier, récit que madame de C*** avait écouté avec beaucoup d'intérêt, elle prit congé de ces deux jeunes gens, encore tout surpris de se retrouver ensemble. En leur faisant ses adieux, elle ajouta :

— J'espère que le bonheur qui vous est rendu n'est que le prélude d'une félicité plus grande, et qu'avant peu, Reine Lebeau deviendra la digne compagne de Valentin Brice.

— A moins que Mlle Reine ne préfère le couvent, répondit le curé en regardant la jeune fille avec malice.

— Non pas, s'il vous plaît, monsieur le curé; puisque le bon Dieu m'a rendu Valentin, c'est qu'il ne veut pas de moi dans un couvent.

— Et cette vocation si vive, si impatiente? continua le pasteur avec une railleuse insistance.

— Dam aussi! pour un si grand chagrin qu'était le mien, il n'y avait que le consolateur de là haut... répliqua-t-elle en rougissant.

— Monsieur le curé, dit la marquise, intervenant dans cette petite taquinerie pastorale, si vous n'avez plus à recevoir de notre gentille Reine les vœux de pauvreté, d'abnégation, de renoncement au monde, vous sanctionnerez bientôt les promesses sacrées de fidélité, d'obéissance et de dévouement.

Aidé du pasteur et des amis de Reine, Valentin ne perdit pas une seconde pour amener le dénouement de ce drame, enveloppé d'abord de crêpes funèbres, et qui, contre l'ordinaire, allait se terminer sous la fleur d'oranger et le voile de l'heureuse mariée. Enfin, toutes les démarches faites, les formalités remplies, les délais abrégés, le notaire chargé de dresser à la place d'un acte de vente un contrat de mariage, les bancs publiés, la famille de Valentin venue, Mme de C*** et le curé fixèrent l'époque de la bénédiction nuptiale au jour anniversaire de la bataille d'Inkermann, où le sous-officier avait glorieusement gagné la croix et sauvé, avec une rare intrépidité, son chef d'une mort certaine.

Elle vint cette matinée où devait s'accomplir une union remplie d'espérances consolidées par de récentes épreuves! Tout commençait sous les présages les plus favorables; la gaité semblait rayonner sur la nature, comme la joie dans tous les cœurs. Mme de C***, qui avait promis à Reine d'assister à la messe de son mariage, venait d'arriver pour présider à la toilette de sa petite amie, ainsi qu'elle l'avait appelée. La marquise apportait le voile et la blanche couronne, qu'elle voulut placer elle-même sur cette tête charmante. Ensuite Mme de C*** la fit monter dans sa voiture, ainsi que la sœur du curé. L'invalide, qui devait servir de père à l'orpheline, suivait avec Valentin dans une autre voiture.

Pour cette grande cérémonie, Reine avait fait présent au père Marcel d'un bel uniforme sur lequel brillait l'étoile, suspendue à un ruban tout neuf. Le fier soldat semblait rajeuni du bonheur de ses enfants. Quant à l'heureux Valentin, il était paré de sa jeunesse, de son air martial, de ses glorieuses blessures et des insignes de sa valeur. Une vive émotion éclatait dans ses grands yeux noirs, si doux au repos. Il était accompagné de sa mère et de son père, deux respectables vieillards aux allures méridionales. Ils semblaient ravis en extase devant leur future belle-fille.

Un grand concours d'habitants, ainsi que les pauvres du village, suivaient le cortége en exprimant leurs vœux pour la jeune fille charitable qui les avait constamment secourus dans leur détresse.

La cérémonie achevée, la famille et les amis se dirigèrent vers la demeure conjugale. Dès que la marquise eut ramené Reine auprès de son cher Valentin, elle les quitta en leur renouvelant tous ses vœux pour leur prospérité future.

Ensuite, les convives se rendirent dans la salle où le repas de noce était servi. En entrant, le premier objet qui frappa Valentin fut la brillante fontaine de la petite marchande de coco. Ce trophée s'élevait au milieu de la table sur un piédestal formé de verdure et de fleurs; son éclat se trahissait à travers les couronnes de roses, de chèvrefeuille, de myosotis; une blanche immortelle, souvent arrosée de larmes, et un œillet unique, surmontaient le gracieux édifice.

A cette vue, qui ramenait tant de doux souvenirs dans l'âme de l'heureux époux, il s'écria d'une voix attendrie et véhémente :

— Sandis! ma Reine, vous êtes une perle sans égale et sans prix! La riche héritière d'aujourd'hui est encore plus modeste que la pauvre marchande de coco d'autrefois. La fortune ne l'a point rendue orgueilleuse... comme tant d'autres.

— Valentin, lui répondit la jeune femme, cet or, qui m'a coûté tant de larmes, de tracas et d'ennuis, et qui a manqué dernièrement me priver de vous à jamais, je l'ai maudit plus d'une fois, tandis que j'ai bien souvent regretté mon humble état de marchande de coco; mais nous nous dédommagerons des peines que nous avons endurées pour nos richesses, en les partageant avec les malheureux.

L'invalide, en se mettant à table, trouva devant lui le gobelet d'argent, sur lequel Reine avait fait graver ces mots :

« Souvenir de la petite marchande de coco à son second père, M. Marcel. »

Le vieux soldat pressa sur son cœur sa fille adoptive et dit a Valentin :

— Mon ami, aime-la toujours de plus en plus, pour la remercier toujours, même quand je n'y serai plus.

La petite sonnette, également en argent, se trouvait à la place de M. le curé, et sous sa serviette, un petit portefeuille bien rempli pour ses pauvres. Quant à l'excellente sœur du pasteur, que naguère il avait donnée pour compagne à la triste Reine dans son abandon, il était convenu qu'elle ne la quitterait jamais.

Ici se termine l'histoire de la petite marchande de coco. Tout ce que nous pouvons ajouter, c'est que le jeune ménage devint l'exemple et la providence de la modeste paroisse; que Valentin Brice fut nommé maire du village, et qu'il s'acquitta avec intelligence et sagesse de ses fonctions administratives.

Rien jusqu'alors n'avait troublé l'union de ces nobles cœurs, si bien faits l'un pour l'autre. Pourtant, quelques larme conjugales furent versées à la nouvelle que leur apprit la marquise de la mort du capitaine Flammant, tué à l'attaque d'un gourbis, chez les Kabyles.

— Que c'est dommage, mon Dieu ! il n'aurait pas été envieux de notre bonheur, j'en suis bien sûre, dit Reine en essuyant une larme... et il devait la vie à mon cher Valentin !

FIN DE REINE.

EL KAHINA.

EL KAHINA.

I. — PROLOGUE.

Je me trouvais dans les monts Aurès; j'étais assis près des sources de l'Ouad-El-Kébir (le grand fleuve); je pensais à tous les noms divers que ce cours d'eau a reçus, aux dominations tant de fois changées sous lesquelles il a coulé en se rendant à la mer près de Bougie. Ces instabilités des choses de la terre, ces brusques métamorphoses de la vie des peuples se dépouillaient devant moi de leur généralité, pour revêtir chacune des formes particulières qui contrastaient d'une manière frappante avec les populations immobiles qui, depuis tant de siècles, habitent ces montagnes. Je pensais surtout à la résistance dont l'invasion arabe n'avait triomphé qu'à moitié dans cette contrée d'un abord difficile et que la nature semble avoir constituée pour être le Palladium de l'indépendance. Tout ce que je savais de ces monts abrupts que nous nommons aujourd'hui la Kabylie et qui jadis recevaient presqu'autant d'appellations différentes qu'ils comptaient de tribus dans leurs gorges profondes et sur leurs nuageuses sommités, me revenait dans l'esprit, lorsqu'un Arabe, dont les traits ne m'étaient pas inconnus, se vint asseoir à mon côté. Nous liâmes conversation. Il me dit qu'il avait été un des *codja* (secrétaire) du bey de Constantine, et qu'ayant eu le malheur de lui déplaire, celui-ci avait fait appeler un chaouch qui, par ordre, lui avait administré soixante coups de bâton. Le cœur gonflé de ressentiments et de désirs de vengeance, il avait passé de notre côté en 1837, après la prise de Constantine, et, en 1844, il avait guidé une de nos colonnes qui poursuivait Ahmed-bey dans les monts Aurès.

Cet homme était un de ces arabes, rares aujourd'hui, qu'on peut regarder comme des dépositaires de tradition, et qui même nous ont donné d'utiles renseignements sur le pays, à l'exemple de Bou-Mezrag, fils de l'ancien bey de Titterie.

Sur ma demande, l'ex-codja destitué, battu, devenu traître à son pays par vengeance, ce qui ne l'excuse en aucune manière, me raconta le dernier drame qui, à l'expiration de la domination romaine, avait ensanglanté les monts Aurès, drame dont je ne connaissais que les quelques mots perdus dans l'histoire, et devenu légende sous des adjonctions traditionnelles. Dans les particularités que ce codja m'a fait connaître, j'ai trouvé quelques-uns des éléments du récit qui va suivre. Il me fut difficile de croire à l'impartialité de sa narration, quand il m'eût dit, en prenant congé de moi :

— Quant à ce qui regarde les chrétiens et leur croyance, comme c'est de leur bouche, toujours fermée à la vérité par l'esprit de ténèbres, que sont sorties ces vaines fumées, vous n'aurez que l'histoire falsifiée par des récits mensongers...

— Il est possible, répondis-je, que dans ce que je viens d'entendre, les narrateurs chrétiens se soient mis en frais d'imagination ; mais vous me permettrez d'ajouter que je suis loin d'ajouter plus de foi à la critique historique des narrateurs arabes, dont les lumières doivent être mises en question.

Là-dessus nous nous séparâmes, je rentrai dans ma tente, et je me mis à écrire.

II. — LA PROPHÉTESSE.

Déjà le fléau de l'inondation musulmane avait englouti de vastes contrées. Les califes Abou-beekr, Omar, Othman avaient conquis la Syrie, la Perse, la Judée. Sous le dernier de ces envahisseurs, et sous le règne de l'empereur Héraclius, Abdallah-ben-Saad se hasarda à pénétrer en Afrique, à la tête de quelques partis de cavalerie. Des succès inattendus et peu coûteux l'engagèrent à proposer au calife la conquête du vieux Moreb. Ce grand dessein ne pouvait être taxé de témérité. Les Berbères possesseurs des contrées montagneuses, descendants des fugitifs qui, dans des temps reculés, avaient écrit en langue phénicienne les paroles suivantes : *Nous fuyons à la face du brigand Josué, fils de Nun*, ces mêmes Berbères pouvaient croire qu'entre eux et les arabes, il y avait une communauté d'origine. Rajeunis par la nouvelle doctrine, les antiques Arabes, les Perses devenus Persans, une grande partie de l'ancienne Asie, serrés dans une étroite unité sous le drapeau de l'islamisme, présentaient une force compacte, capable de tout renverser ; de leur côté, les Romains, corrompus par la philosophie épicurienne, divisés dans leur christianisme obscur, partagés en Donatistes, en Circomcellions, en Ariens, en Monothélites, ne traînaient plus qu'une honteuse décadence, s'offrant d'elle-même au joug du premier venu. Heureusement que malgré ces conquérants barbares, et bien que trahie par le grand peuple dégénéré, grandissait l'Eglise, armée par ses pontifes pour la conquête des intelligences, et rallumant dans la nuit qui s'épaississait sur le monde les phares inextinguibles de la civilisation.

Cependant, entendant au loin le hennissement des chevaux, les cris guerriers, et les sons discordants de la musique arabe, les populations africaines se sont soulevées; un immense cri de guerre retentit au loin dans les montagnes, et va roulant d'échos en échos. Dans la plaine occupée par les vils Romains, chacun pense à sauver ses trésors, à mettre en sûreté le fruit de ses rapines. Qu'étiez-vous devenues, légions de Scipion, ou de César?

Mais voilà que dans les monts Aurès, l'insurrection lève une tête menaçante. Un chef puissant, doué d'autant de talents que d'énergie, rassemble autour de lui tous les cœurs qui battent au nom de la patrie et de la liberté. Ce chef c'est K'oueila-ben-Beram.

Trois partis divisaient les tribus des monts Aurès. Des têtes ardentes, douées d'impulsions irréfléchies et dénuées de calcul, voulaient profiter de l'occasion pour soulever tous les habitants de ces colosses montagneux qui forment comme autant de remparts naturels, repousser les Arabes et se délivrer du joug romain; les autres plus sensés jugeaient avec raison qu'il était plus sage d'agir de concert avec les Romains pour arrêter l'ennemi commun, et de profiter de la victoire pour se débarrasser ensuite de ces durs maîtres trop longtemps supportés. Enfin, un troisième parti beaucoup moins nombreux, composé de Musulmans zélés, étaient d'avis de faire alliance avec les Arabes et de s'unir à ce peuple fidèle pour marcher sous l'étendard du prophète à la conquête du monde entier.

Non moins prudent politique que guerrier redoutable K'oueila-ben-Beram, dans l'assemblée des Amin qu'il avait convoquée, démontra la nécessité de solliciter, ne fût-ce que pour un temps, l'appui des Romains, et toute l'assemblée partagea cette opinion.

Dans la grande plaine qui s'étend non loin des monts Aurès, s'élevait la magnifique ville de Lambera; deux légions y étaient cantonnées, et détachaient des cohortes à Batna et jusqu'à Baguï, ville située au pied des monts Aurès.

Toutes ces forces étaient sous le commandement de Titus Flavius, jeune général issu d'une grande maison d'origine plébéïenne, mais qui avait fourni les empereurs Vespasien, Titus et Domitiens. Zèlé partisan de l'antique et sévère discipline des armées romaines, il ne négligeait aucun moyen de maintenir ses troupes dans les liens d'une exacte obéissance. Vains efforts ! le dissolvant répandu dans toutes les parties du vieil empire s'insinuait peu à peu jusque dans les camps. Ce jeune chef se débattait d'ailleurs dans les plus pénibles alternatives. Entraîné par les lumières naturelles de son esprit vers les sublimes vérités que le christianisme enseigne, il se sentait ramené dans les ténèbres du vieux culte de Jupiter et de Mars par les passions dévorantes auxquelles il cédait à regret, mais sans cesse. K'oueila, qui, l'ayant fait observer, s'était fait une idée assez juste de son caractère, avait résolu d'en caresser les faiblesses pour le faire descendre dans les dégradations de la religion musulmane que lui-même avait embrassée, et surtout pour exalter la gloire dont il se couvrirait en défendant les monts Aurès contre un ennemi devant qui tout cédait. Le vieux Berbère résolut donc d'aller trouver le jeune Romain, et d'employer toute espèce de séductions pour l'attacher à sa cause.

Il le trouva en proie aux perplexités les plus douloureuses. L'invasion arabe faisait des progrès journaliers, et les armées romaines, battues dans la plupart des rencontres, ne trouvaient d'autres moyens de réparer leurs défaites que de se retirer dans cette multitude de petits forts que Justinien mal inspiré avait fait construire. Jusqu'à présent, Flavius avait maintenu ses troupes dans ses cantonnements, mais elles commençaient à murmurer, et, poussés par les centurions, demandaient l'augmentation des remparts de Lambera.

Lorsque K'oueila, suivi d'une brillante escorte, se présenta aux portes de la ville, il fut arrêté par les sentinelles, et un officier, sortant du port, lui demanda ce qu'il voulait. Il répondit qu'il désirait s'entretenir avec l'illustre général qui commandait Lambera et les villes voisines, et qu'il avait des choses importantes à lui révéler. Flavius hésita d'abord avant de rendre sa réponse.

— Que peut me vouloir ce chef de tribus sauvages? se disait-il.

Enfin, pensant que des paroles ne l'engageraient à rien, il consentit à recevoir le Berbère; mais élevé dans les traditions de l'antique orgueil romain, il mit pour condition que celui-ci se présenterait seul, et à pied, à son quartier-général.

K'oueila-ben-Beram sentit d'abord assez vivement l'humiliation qui lui était imposée.

— Quoi, se disait-il, ces Romains dégénérés se croiraient-ils encore les maîtres du monde?

Mais il ne tarda pas à penser que peut-être se présenteraient des chances de trouver encore en eux de puissants auxiliaires, que quant à l'espèce d'affront qu'il venait de recevoir, il rencontrerait bien le moyen de se remettre tôt ou tard sur le pied d'égalité parfaite, et que d'ailleurs tout sacrifice ayant pour but l'intérêt du pays, ne pouvait, quel qu'il fût, manquer jamais de noblesse.

Déterminé par ces réflexions, qui n'étaient pas sans justesse, il descendit de cheval, laissa derrière lui son escorte, et se fit conduire chez Flavius.

Quand il entra, le jeune général s'occupait d'un ordre du jour, tendant à retremper le moral de ses légions. Après les compliments d'usage, K'oueila exposa habilement le motif de sa visite. Ce secours, offert par le chef d'une troupe irrégulière au chef d'une armée romaine, fut d'abord reçu avec quelque hauteur; mais K'oueila parvint si bien à jeter de nouveaux ferments sur l'ardente ambition du jeune homme, alluma chez lui un si vif désir de laver les taches que le nom romain recevait tous les jours, et de replacer au moins sur sa tête l'auréole de gloire dont le vieux Peuple-Roi fut si longtemps couronné, que Flavius conclut avec le Berbère un traité d'alliance.

III. — LA FILLE DU CHE..

Après une pause, Flavius quitta tout à coup le ton dominateur que, comme chef de l'armée romaine, il avait cru devoir prendre, et adressa à K'oueila ces paroles prononcées avec une sorte d'emphase :

— Puissant cheik des Monts Aurès, j'ai vu ta fille; si tu veux consolider notre alliance, dis-lui de voir en moi son époux.

K'oueila répondit :

— Romain, ce ne sont pas des paroles de lait et de miel qui vont frapper ton oreille. Apprends que ma fille a juré de ne pas se marier.

— Crois-tu donc que l'offre de ma main ne la fera pas changer de dessein ?

— Je ne le crois pas; cependant, si tu délivres les monts Aurès et tous nos frères des montagnes; si Ben-abi-Tarlı tombe sous tes coups; si la tête d'Okba-ben-Nafi est offerte à ma fille comme présent de noce, peut-être te verra-t-elle d'un œil plus favorable que celui dont elle a accueilli nos plus fameux guerriers, mais je ne le promets pas.

— Eh bien ! nous verrons! s'écria Flavius d'un air parfaitement résolu.

K'oueila au comble de la joie de son expédient d'une sincérité équivoque, mais qui promettait de faire tourner à l'avantage de son pays les desseins du chef romain, prit congé de lui, après lui avoir prodigué les compliments les plus fastueux.

Flavius, changeant alors de conduite envers le chef des Monts Aurès, lui donna une garde d'honneur, qui le conduisit bien au-delà de Lambera.

IV. — LA VISITE.

Quelques jours après, Flavius, escorté de trois cents cavaliers, sortit pour aller dans la montagne rendre la visite qu'il avait reçue de K'oueila. Arrivé sur un plateau qui domine la chaîne, et non loin du K'sour où se trouvait l'habitation du vieux cheik, il vit une foule énorme, descendant des pitons, montant des gorges et des vallées, sortant des bois et des gourbis, et se dirigeant vers un col où cheminaient trois palanquins accompagnés d'une brillante escorte.

Bientôt, les sommités voisines retentissent de cris d'enthousiasme qui se prolongent sur les versants boisés des mamelons arrondis.

— C'est elle, la voilà! s'écrie-t-on de toutes parts.

— Oui, c'est bien elle, *El K'ahina*, la bien-aimée du prophète, la vierge envoyée du ciel!

C'était la fille chérie de K'oueila-ben-Beram, l'idole de tous les cœurs. A sa vue, Flavius se troubla, tandis qu'une clameur universelle s'élevait jusqu'au ciel, et saluait la fille du cheik en l'appelant *El K'ahina*, la prophétesse. Ce n'était pas son nom véritable [1], mais il lui était donné parce

(1) Le véritable nom d'El-K'ahina était *Damia* ou *Doumia*, disent ses bio-

que souvent le voile de l'avenir se déchirait devant ses yeux.

Elle était à peine sortie de l'enfance, lorsque tout à coup elle crut sentir que, malgré ses efforts pour le repousser, l'esprit de prophétie s'emparait d'elle. Souvent, comme Cassandre, elle annonçait la chute d'un empire, et pleurait sur le sort de tout ce qui s'agite sous le soleil. D'autrefois c'était l'esprit de la pythonisse d'Endor qui reposait sur elle, et, peu de temps après, la chute d'un roi lui était annoncée. En d'autres moments, on eût dit que la sybille de Cumes revivait en elle, et, comme la sybille, elle repoussait la puissance qui la fatiguait, qui l'obsédait. Alors, on la voyait frémir, se tordre sous des convulsions douloureuses. Des paroles incohérentes, des ambages effrayants erraient sur ses lèvres[1], mais bientôt les événements les expliquaient, les justifiaient. Et dans ces moments de luttes, on ne la reconnaissait plus, ce n'était plus ni la même couleur, ni le même visage[2]. La sybille tout entière avait passé en elle et la tenait captive dans sa possession. Et quand l'oracle avait cessé de parler en elle, fatiguée de lui avoir servi d'organe, elle restait plusieurs jours sans pouls, sans mouvement, comme morte. Son père effrayé de ces longues suspensions de la vie, avait d'abord consulté les taleb[3] qui se donnaient pour médecins; mais il avait cessé de s'effrayer depuis que ces charlatans avaient attribué à une intervention directe du prophète cet état qu'aujourd'hui nos médecins expliqueraient, ou croiraient expliquer, par des hallucinations et de la catalepsie.

graphes arabes. Mohammed-el-Raïni-el-Kaïrouani nomme son père *K'oucila-ben-Beram*; Ebn-Kaldoum le nomme *Ensak*, et suivant l'auteur du *Ketab-Aldjema*, il se serait appelé *Nisek*. Sont-ce les noms differents d'un même homme, ou bien les auteurs arabes ne sont-ils pas d'accord sur la filiation de K'ahina? En outre, El-K'ahina, ou plutôt Damia, ne serait-elle qu'un mythe absolument dénué de personnalité? Questions qui, vu le peu d'importance historique de cette légende, ne méritent pas la peine qu'il faudrait prendre pour les résoudre.

(1) Horrendas canit ambages. (2) Non vultus, non color unus. (3) Savants.

Au moment où El-K'ahina perçait la foule qui faisait entendre des exclamations enthousiastes, elle revenait de visiter des tribus dont elle avait réchauffé le patriotisme par des incantations. Déjà elle touchait le seuil de l'habitation de son père; les yeux de Flavius demeuraient arrêtés sur elle sans pouvoir s'en détourner.

Sentant combien il importait d'attacher le jeune Romain à sa cause, la Berbère laissa tomber sur lui le plus fascinateur de ses regards.

Trop discret pour troubler les premiers instants de la réunion de la jeune fille avec son père, Flavius remit au lendemain la visite qu'il avait décidé de faire à l'illustre vieillard.

La nature avait-elle doué El-K'ahina d'une incontestable beauté dans toute l'étendue de ce mot? c'est ce qu'on ne saurait dire. L'influence qu'exerçait sa dominante physionomie ne laissait pas le temps de l'examiner. Rien n'égalait les puissances de sa voix étrangement modulée. Quelquefois c'étaient les éclats du tonnerre, quelquefois le charme des harmonies du matin. De la course rapide qu'elle venait de faire, elle avait rapporté je ne sais quoi de plus auguste, de plus solennel que ce qu'on avait jusque-là admiré chez elle.

Quand Flavius l'eut revue, quand elle lui eut parlé, ce ne fut pas une impression vive qui remua son cœur, ce fut une révolution complète; le mariage chrétien fut son but, et l'intention de faire instruire El-K'ahina par l'évêque de Carthage compta parmi ses premiers desseins.

La mission d'éclairer la religion d'El-K'ahina n'opposait pas de grandes difficultés. Elle avait déjà des croyances chrétiennes, mais croyances mêlées. Comme le reste de sa nation, elle avait adopté un amas incohérent de doctrines découlant de traditions diverses. Déja le Christianisme avait été prêché chez les Berbères. « Le premier qui rapporta la croyance du vrai Dieu dans ces contrées, dit

El-Melchouni, auteur arabe, fut Matthieu le publicain, peu de temps après l'Ascension de Jésus au ciel. » La petite croix tatouée encore aujourd'hui entre les sourcils des femmes kabyles est une présomption très-vraisemblable que leurs ancêtres avaient adopté un Christianisme probablement très-altéré. Il y a d'autres raisons de croire qu'il s'y joignait des restes d'idolâtrie et des souvenirs encore vifs de la mythologie des Grecs. Il n'est pas étonnant que l'esprit d'El-K'ahina fût imbu de telles erreurs. Un voyage qu'elle avait fait avec son père au sortir de l'enfance, avait laissé chez elle de ces impressions qui ne s'effacent pas sans peine. A la Mecque, elle avait cru sentir l'esprit du prophète se reposer sur elle; à Jérusalem, elle avait suivi toutes les stations de la voie douloureuse, et ses larmes avaient coulé en abondance au récit des souffrances de *Sidi Aïssa*[1].

Guerrière autant que prophétesse, elle avait souvent conduit les goums berbères au combat, et plus d'une fois, dans la mêlée, on l'avait entendu s'écrier: *Sidi Mohammed renoul Allah*, seigneur Mahomet envoyé de Dieu! puis elle ajoutait en langue latine, que d'ailleurs elle parlait avec facilité: *Agnus Dei, qui tollis peccata mundi, dona nobis pacem.*

Flavius comprenait tout ce qu'il y avait d'erroné dans un pareil éclectisme, qui mêlait les poisons avec les fruits les plus bienfaisants. Aussi se promettait-il bien de séparer le bon grain d'avec l'ivraie, s'il avait le bonheur de conduire El-K'ahina à l'autel. Tout ce que lui avait dit K'oueila touchant les moyens de gagner le cœur de sa fille, était toujours présent à sa pensée. Elle ne pouvait accepter qu'un héros, il deviendra ce héros; elle ne pouvait aimer que le libérateur de son pays, il sera ce libérateur. Dès lors, il ne se donne plus un moment de repos; deux fois par

(1) Notre Seigneur Jésus-Christ

jour il exerce ses troupes, il envoie des émissaires da toutes les tribus, pour les appeler sous le drapeau. To les moyens sont mis en usage: argent, promesses, m naces, emplois brillent aux yeux de chacun suivant convoitise; puis il écrit à Constantinople pour demand des renforts. En peu de temps, les populations sont so levées; les troupes elles-mêmes, revenant à leur antiq discipline, échappant pour un moment à la décaden générale, ne respirent plus que combats. Ainsi arrive but toute volonté soutenue. Ayant réussi au-delà de s espérances, il se prépare à prendre l'offensive.

V. — LA GUERRE.

Le Ramadan approchait. Dans ces premiers jours l'islamisme, ses prescriptions étaient observées avec ferveur qui accompagne la nouveauté des institution Pour solenniser ce temps de pénitence, pour se préparer la guerre qui devenait imminente, El-K'ahina se livre à s incantations. La confiance de ces populations supers tieuses en est augmentée; la victoire leur paraît attach à ces vaines formules de la crédulité. K'oueila les enco rage; soit que lui-même ajoute foi à ces erreurs ridicule soit que la politique lui conseille de feindre de les adopte il excite sa fille à mettre en jeu tout son pouvoir, s'armer des secrets de Médée, comme si de nouveau Argonautes devaient venir dans ces montagnes y cherch une nouvelle toison d'or. Il invite les *Amins*, les gran de toutes les tribus à regarder sa fille comme un interm diaire entre eux et le prophète, à redoubler le jeûne et l prières, tandis qu'elle jette des sorts sur les ennemis en marche qui se préparent à les attaquer.

C'était surtout dans les nuits orageuses, quand les vents déchaînés faisaient courir les nuages, comme de sinistres messagers, sur le disque de la lune obscurcie, ou quand l'astre enveloppé de brumes montrait son front qui paraissait ensanglanté, c'était alors que El-K'ahina, élevée sur un tertre, éclairée d'en haut par l'astre de la nuit, et tout autour d'elle par les feux allumés dans les montagnes, moyens par lesquels ces peuples s'avertissaient, et qui de nos jours sont encore en usage, c'était alors que la menaçante fille de K'oueila, étendant vers les contrées envahies sa baguette magique, dévouait les Arabes à l'enfer, et, dans un appareil fantastique, paraissait à ses compatriotes un être surnaturel. Aussitôt des clameurs inouïes s'élevaient dans les airs en l'applaudissant, et les échos des montagnes retentissaient du bruit formidable des guerriers frappant sur les boucliers.

Un soir que les ombres de la nuit s'étendaient comme des oiseaux de proie déployant leurs ailes, que les moniteurs enflammés jetant de toutes parts des clartés trompeuses dessinaient les monts gigantesques en formes bizarres, et faisaient paraître leurs pitons audacieux comme autant de géants préposés à la garde de ces remparts naturels, El-K'ahina assise sur un quartier de roche paraissait fléchir sous le poids d'une grande lassitude, et s'enfoncer dans les profondeurs de sa méditation. Les tribus, les unes après les autres, s'accumulent autour d'elle.

— Parle, parle ! s'écrie-t-on de toutes parts. Fais-nous connaître nos destinées.

— Parle, ô ma fille ! dit K'oueila. Réponds aux vœux d'un peuple entier !

K'ahina répond par un geste négatif qu'accompagne une convulsion douloureuse.

Le tumulte redouble.

— Parle au nom du prophète! s'écrient les tribus nouvellement converties.

— Parle au nom du Christ, ajoutent les descendants des Vandales ariens qui, après la défaite de Gélimer à la bataille de Tricaméron, s'étaient réfugiés dans les montagnes et incorporés aux nations berbères.

— Parle au nom de nos anciens Dieux, disent à leur tour les aveugles restés dans les ténèbres du paganisme et ceux que le fétichisme retient encore dans ses puérilités.

Soudain El-K'ahina se lève. Ses cheveux se hérissent, ses bras s'agitent, ses yeux rayonnent d'un éclat surhumain :

— Les voilà!... Les voilà!.... Je les vois, les fils de l'esclave chassée! Leurs innombrables cavaliers, comme des nuées accumulées les unes sur les autres, par le vent de la tempête, s'étendent au loin dans les plaines du vieux Moreb.... Pleure, ô Moreb!... Pleure ta défaite et ta honte!.... Monts, relevez vos têtes altières!.... Jamais les fils de l'esclave chassée ne règneront entièrement sur vous!.... Leurs vainqueurs ne seront qu'à moitié les vôtres.... Ils ne monteront pas chez vous.... Je les vois, ces vainqueurs!.... Ils viennent des régions de l'aurore[1]. Ecoutez : je vois...... je vois encore!.... un peuple..... grand peuple!.... le voilà qui vient de l'autre rive de *la mer de Roum*[2]..... l'Aquilon enfle ses voiles!... Quand vous viendra ce peuple, conduit par le bleu du ciel, par le blanc de son antique honneur, par le rouge dont le sang de ses ennemis aura coloré ses enseignes, alors vous vous soumettrez.... vous vous soumettrez sans honte, parce que ce peuple-là vous apportera la civilisation et vous laissera la liberté!

Ce dernier oracle fut accueilli avec quelques murmures. Les Berbères de la vieille souche ne pouvaient s'accoutumer à l'idée d'une domination étrangère. El-K'ahina se

(1) Les Turcs.

(2) La Méditerranée.

servit de cette disposition pour ramener tous les sentiments à l'unanimité.

— Laissons l'avenir! s'écria-t-elle avec une énergie communiquée à tous les cœurs. Aujourd'hui aux armes!... Aux armes contre les fils de l'esclave!

Et le cri aux armes courut de sommités en sommités et n'expira que sur les bords de la mer.

Pendant que, dupe peut-être de son imagination exaltée, El-K'ahina répondait à tous les fanatismes, à toutes les superstitions, que faisait Flavius? Il mettait sa confiance en Dieu et dans son épée, et tout son bonheur dans l'espoir qu'il nourrissait d'épouser la jeune fille. Pour augmenter sa prépondérance, pour imprimer une direction plus uniforme aux différentes tribus, souvent en guerre les unes contre les autres, il fit reconnaître K'oucila comme roi de tout le pays.

C'est ainsi qu'une affection pure devenait un puissant ressort politique. Ardent guerrier, Flavius sentait se retremper dans son cœur le bronze des vieux Romains. Quand les troupes s'amollissent, c'est la faute de leur chef. Le peu d'énergie justement reproché aux armées romaines de cette époque accusait hautement les vices de leurs généraux. D'abord les légions de Flavius, alors qu'il était moins occupé de ses devoirs que de ses plaisirs, s'étaient laissé entraîner sur la pente conduisant aux abîmes où toutes les anciennes vertus romaines allaient s'engloutir; mais depuis le retour du héros chrétien aux puissances de la vie morale, l'influence de sa volonté, devenue aussi droite que ferme, pénétrait dans les derniers replis du cœur de ses soldats. Ainsi, tandis que ses collègues honteusement dégénérés abandonnaient au dissolvant universel les derniers défenseurs de l'empire, lui, toujours près des siens, avait remonté leur discipline et leur courage au point qu'on aurait pu les comparer à la dixième légion de César.

Ce remaniement moral de l'armée de Lambera ne pouvait venir en temps plus opportun. L'invasion arabe gagnait de proche en proche, et on l'attendait même à la prochaine occupation des Monts Aurès. Malgré son grand âge, K'oueila a retrouvé toute son ardeur guerrière. Il n'a pas oublié que le fondateur de Kaïrouan, le fameux Okba-ben-Nofi a péri de sa main ; il n'a pas oublié que, naguères, il s'emparait de Kaïrouan, et faisait reculer l'invasion arabe jusqu'au désert de Barka, et rendait son nom célèbre jusque dans Constantinople. S'il a combattu Ben-Arbi-Tarh, s'il a fait périr Okba, pourquoi ne triompherait-il pas de son successeur Zohaïr-ben-Kahis ? Il appelle aux armes, on entend sa voix ; on dirait que les monts produisent des soldats. Mais, cette fois, sa fille ne lui prêtera pas son appui fatidique. Rien ne peut la tirer de ces sommeils de plomb qui lui surviennent, quand l'antique sybille a parlé par sa bouche ; on l'appelle à grands cris, elle ne répond pas ; on agite ses bras, ses bras retombent immobiles ; on charge d'amulettes son front pâle, rien ne réussit.

Quand Flavius reçut la nouvelle de l'état effrayant dans lequel El-K'ahina demeurait plongée, il fut saisi d'une vive inquiétude, et, sans plus tarder, il envoya à la demeure de K'oueila deux médecins romains, l'un de l'école de Galien et l'autre d'Hippocrate ; puis, sans tarder un instant, il courut juger par lui-même ce qu'on pouvait craindre, ce qu'on pouvait espérer au sujet d'une existence à laquelle la sienne était attachée. Contre l'ordinaire, les deux médecins furent du même avis. Ils constatèrent que, malgré la suspension des battements du pouls et du cœur, la vie ne s'était pas retirée ; mais quant à en rappeler les phénomènes, l'un et l'autre demeurèrent impuissants.

K'oueila fut désespéré d'être obligé de partir avant que sa fille eût repris connaissance ; mais l'ennemi approchait. il n'y avait pas un moment à perdre. A la tête de forces considérables, il se mit en marche. Retenu par la raison stratégique de conserver Lambera qui, dans ce moment, était menacée, Flavius ne put, comme il l'aurait voulu, appuyer l'offensive de K'oueila ; il se borna donc à le faire soutenir par deux cohortes sous le commandement d'officiers dignes de confiance.

K'oueïla, à marche forcée, se dirigea sur Kaïrouan ; non moins prompt, Zohaïr-ben-Kahis fut bientôt arrivé sous les murs de la place. Les forces arabes dépassaient tellement par leur nombre les contingents berbères, que K'oueila fut obligé de se retirer sur Meins. Cette retraite forcément précipitée ayant laissé Kaïrouan sans défenseurs, malgré les deux cohortes romaines dont les officiers affirmaient qu'ils pouvaient soutenir un siége, l'arabe n'y resta que trois jours. Le lendemain, il était sous les murs de Meins, et y prenait position.

Le lendemain, après la prière également faite dans les deux camps, le combat s'engage, dès le point du jour. K'oueila prit l'initiative; il lança ses Berbères chargés d'enlever la position. La cavalérie aidée des Arabes les eut bientôt cernés; mais voyant qu'ils tenaient ferme, cette cavalerie fit volte-face, et, par un retour offensif tomba, comme une chute d'eau bouillante, sur les Berbères qui, croyant les Agaréens frappés de terreur, s'avançaient en désordre. Entourés de nouveau, ils eussent été mis en déroute, si l'une des cohortes romaines, placée en réserve, ne fût arrivée à leur secours. La même manœuvre s'étant renouvelée, fut moins heureuse cette fois pour les montagnards; les voyant lâcher pied, K'oueila se mit à leur tête, se montra tout ensemble soldat et général; mais la panique ayant gagné ses troupes, il fut tué au moment où celle des cohortes qui n'avait pas encore donné, arrivait au pas de course. Soudain, formées en cercle pour résister à l'innombrable cavalerie dont elles étaient environnées, les cohortes tinrent ferme et reçurent plusieurs charges sans se laisser entamer. Les voyant inébranlables, les Arabes ne jugèrent pas devoir se compromettre inutilement. Au lieu de s'opposer à la retraite des Romains, ils se mirent à se disputer le corps de K'oueila, chacun ambitionnant la gloire d'envoyer à sa tribu la tête du malheureux vieillard; mais revenant à la charge, une cohorte, sous le commandement d'un brave centurion, mit en fuite ces barbares et reprit le funèbre trophée, qu'elle rapporta respectueusement à sa fille.

Que faisait El-K'ahina pendant que le combat se terminait par un incident si funeste? On rapporte que réveillée en sursaut, elle se mit à pleurer en gardant le silence, et que c'était à l'instant même où son père recevait le coup de la mort. Quel auteur a raconté ce fait? je n'ai pu le savoir.

La douleur que la guerrière ressentit de la mort de son père, se traduisit bientôt en désir de le venger.

Flavius jura de ne déposer son épée que quand elle aurait versé autant de sang arabe que les yeux d'El-K'ahina avaient répandu de larmes. Mais avant de se préparer au combat, on avait des devoirs à remplir envers les restes de l'illustre guerrier qui, depuis si longtemps, arrêtait l'invasion arabe, avait préservé ses montagnes du moindre contact ennemi, et par cette noble et vigoureuse résistance s'était fait considérer comme le boulevard de tout le Moreb.

De son côté, Flavius pensa qu'il était de bonne politique d'associer le corps d'armée de Lambera au deuil de toute la contrée, et, pour sa part, des souvenirs d'amitié et des devoirs de reconnaissance avaient leur tribut de regrets à payer à celui qui lui avait fait la promesse de travailler autant qu'il lui serait possible à lui faire obtenir la main d'El-Kahina. Le Romain avait donc un double motif d'affliction, et cette affliction, il la ressentait avec toute la vivacité qui caractérisait tous ses sentiments.

Le jour des obsèques étant fixé, on vit, dès le matin, tous les versants des montagnes se remplir des populations les plus éloignées, même des tribus auxquelles l'autorité de K'oueila était le moins sympathique. La plaine envoya aussi des assistants à la triste cérémonie. Il en vint de Lambera, de Batné, de Bagaï. Bientôt on entendit au loin un grand nombre de clairons qui sonnèrent l'hymne funèbre ; c'était la cohorte romaine, commandée par le brave centurion qui avait sauvé et rapporté le corps de K'oueila ; elle venait rendre les derniers devoirs à un allié fidèle, tant de fois vainqueur de l'ennemi commun !

Suivant l'ordre d'El-K'ahina, Flavius eut la place d'honneur dans le cortége qui suivit, jusqu'à sa dernière demeure, le vieux héros des monts Aurès. Le brave centurion y occupait aussi une place distinguée. Quand on fut arrivé à la station des adieux éternels, quand les restes de K'oueila furent descendus dans leur dernier asile, avant que la terre retombée sur l'étroit réduit l'eût pour jamais fermé à la lumière, Flavius, suivant l'usage romain, prononça les dernières paroles, *novissima verba;* et d'une voix forte, mais altérée et qui retentit dans tous les cœurs, il s'écria trois fois : *Vale, vale, vale!* Adieu ! Adieu ! Adieu !

Puis élevant son épée, il ajouta avec une énergie qui se communiqua à tous les assistants :

— Braves montagnards, je jure, si Dieu veut que je vive, que cette épée ne rentrera dans son fourreau que quand elle aura vengé le digne chef que nous pleurons !

Suivit un applaudissement unanime, qui retentit dans les vallées, sur les monts et dans les forêts.

Tandis que, hors du *Ksour*, s'accomplissaient les rites funèbres, les femmes de K'ahina, qui éclataient en sanglots, étaient rangées autour d'elle, poussaient des cris lamentables et se meurtrissaient le visage. Quand la foule, qui chantait l'hymne des adieux, commença d'entourer sa demeure, El-K'ahina parut tout-à-coup sur un tertre : sa baguette élevée dans les airs, elle cria d'une voix formidable : « Aux armes ! » Les yeux pleins d'éclairs, les cheveux en désordre, la bouche convulsive, elle paraissait la Guerre en personne. Homère aurait dit que sa voix retentit comme le cri de mille combattants. Ce cri parti des monts Aurès, et porté jusqu'aux plus hautes sommités de l'Atlan, fut comme une étincelle allumant partout l'incendie. Les Musulmans se crurent appelés à la guerre sainte par le prophète lui-même; ceux des Romains qui n'étaient pas encore sortis des ténèbres du paganisme affirmèrent sérieusement avoir vu Bellone agiter dans les airs sa verge ensanglantée; Flavius se berça de l'espérance que partout où il combattrait, le croissant disparaîtrait devant la croix.

Cependant, la mort de K'oueila exigeait que le pays reconnût une autorité nouvelle. Plusieurs concurrents se présentèrent; mais aucun ne fut agréé. Le parti romain penchait pour laisser l'autorité entre les mains d'El-K'ahina; Flavius avait ses raisons pour favoriser chaudement ce parti. Il envoya donc de nouveaux émissaires dans les montagnes; ils trouvèrent leur besogne singulièrement simplifiée. Ils venaient proposer au pays ce qui comblait tous ses vœux. Portée par l'enthousiasme général, El-K'ahina fut donc proclamée reine des monts Aurès.

Cet événement amena momentanément, dans cette belliqueuse partie du Moreb, une révolution politique et morale. Les tribus berbères n'avaient entre elles aucun lien fédératif; seulement, quand l'intérêt général les réunissait contre un ennemi commun, elles agissaient de concert, comme il arrive aujourd'hui; mais dans les temps ordinaires, sous l'empire de traditions hostiles les unes aux autres, elles étaient continuellement en guerre entre elles de temps immémorial, si bien que la paix était pour elles un état exceptionnel.

El-K'ahina, proclamée Reine, il se fit comme une dictature temporaire. Un même esprit entra dans tous les douars. L'union fut complète, sincère, universelle. La délivrance du pays, tel était le mot d'ordre adopté de toutes parts; la haine et le mépris des fils de l'esclave, tel était le sentiment, plutôt la passion qui palpitait dans tous les cœurs.

— Renvoyons ces Agaréens au fond du désert où le vil Ismaël aurait dû trouver la mort et dont il n'a pu sortir qu'avec l'aide du démon !

Telles étaient les paroles qui sortaient de toutes les bouches et qui couraient de tribus en tribus. Il est plus difficile de suspendre l'exécution des coutumes que celle des lois écrites. Néanmoins *L'Anaïa* [1] (droit qu'avaient et que les femmes Kabyles ont encore de donner des saufs-conduits en temps de guerre), que ces peuples pratiquaient depuis leur origine, fut d'un commun accord suspendu quand il s'agirait des Arabes. Enfin, en un clin d'œil tout fut prêt pour la guerre ; la voix de la bataille semblait mugir dans les éclats de la foudre, dans le murmure des torrents et le frémissement des feuilles agitées ; on eût dit que les soupirs de la brise appelaient aux armes et que les montagnes résonnantes avaient emprunté les modulations des chœurs infernaux pour exalter les combattants.

VI. — PÉRIPÉTIES.

L'espoir trouve toujours moyen de rentrer dans les cœurs les plus désespérés. Flavius s'était désolé en pensant que la mort de K'oueila allait le priver du plus puissant appui qu'il pût avoir auprès de sa fille ; mais ensuite, il se flatta

(1) Sous ce titre l'*Anaïa*, M. de Gondrecourt a publié un roman très-intéressant, et dans lequel les mœurs des Kabyles sont décrites avec une grande fidélité.

de trouver dans la mort même du chef Berbère le moyen de s'attacher El-K'ahina en s'exposant aux plus grands périls pour punir les auteurs de cette catastrophe. L'occasion se présenta bientôt d'exécuter ce dessein généreux. Les Romains, n'osant tenir la campagne et se mesurer avec un ennemi, qui, de toutes parts, excepté dans l'Aurès, reprenait l'avantage, s'étaient retirés dans leurs forts qui avaient pour résultat de diviser l'armée en petites garnisons, et de laisser libre la campagne.

La suite de cette faute, conseillée plutôt par la lâcheté que par l'impéritie, fut l'invasion soudaine des monts Aurès. El-K'ahina se trouva assiégée avant d'avoir eu le temps d'appeler aux armes. Suivant Abou-Obéid, elle habitait un fort nommé Ledjem; au château de K'ahina. Le même auteur raconte qu'elle fit creuser dans le roc un souterrain assez large pour que plusieurs cavaliers y pussent passer de front; c'était par là, dit-il, qu'elle recevait les vivres et les renforts qui, journellement, se présentaient pour aider la défense; mais suivant un autre récit, elle n'eut pas le temps non-seulement d'amener à bonne fin un travail aussi gigantesque, mais même d'en concevoir la pensée: car Flavius arriva comme la foudre à la tête de plusieurs cohortes, les conduisit avec une telle habileté, et parvint si bien à les associer à son audace qu'il fit lever le siége et refoula l'ennemi au loin.

Pour lui prouver son estime et sa reconnaissance, El-K'ahina l'associa à ses desseins les plus secrets, et souvent les modifia d'après ses conseils. Quant à lui, il jugea sa gloire trop pâle encore pour oser se déclarer, et se promit de parler seulement quand, avec ses faibles ressources, il aurait obtenu de grands succès.

— Si ces Romains dégénérés, dit-il à El-K'ahina, au lieu de se retirer dans leurs ignobles forteresses, comme des lièvres dans leurs gîtes, avaient marché résolûment avec toutes leurs forces réunies et concentrées au-devant de l'ennemi; s'ils l'eussent étourdi par un coup vigoureux frappé au point décisif, non-seulement les monts Aurès, non-seulement l'Atlas, mais encore tout le Moreb célèbrerait aujourd'hui sa délivrance. Refoulés dans les déserts, les fils de l'esclave perdus dans la tourmente des sables brûlants, eussent partagé le sort qu'y trouva Cambyse. Eh bien! que l'Aurès et mes deux légions fassent à eux seuls ce que n'ont pas fait le pays et l'armée romaine!

El-K'ahina transportée sentit la fièvre de son héroïsme redoubler. Elle appela tout son peuple aux armes, renouvela ses incantations, et tout son peuple répondit. Flavius employa un magisme plus rationnel; l'entraînement de sa parole inocula à ses légions son ardeur belliqueuse.

Bagaï fut indiqué comme le point de réunion. Il ne fut accordé que huit jours pour les préparatifs. Avant qu'on se mît en marche, Flavius écrivit la lettre suivante à l'un de ses amis, qui était préfet du prétoire à Rome :

« Très-cher Opimius,

» Je pars demain pour entamer une campagne au moins aventureuse. Je veux donc t'écrire encore une fois qui peut-être sera la dernière. L'invasion arabe devient tous les jours plus menaçante; il est temps de l'arrêter, si l'on veut que l'Afrique et bien d'autres parties de l'empire ne soient pas perdues pour le christianisme et les Romains. Je marche avec mes deux légions et de forts contingents fournis par les Berbères qui sont commandés par une femme, et dont un grand nombre ont embrassé la religion de Mohammed; mais que les Arabes soient refoulés dans leur terre natale, et la politique de leur prophète tombera avec sa religion.

» Je viens de te dire que les Berbères sont gouvernés et commandés par une femme : mais garde-toi d'en mal augurer. Cette femme est armée d'une force irrésistible. Elle s'appelle *Démia*, mais on la connaît surtout par le surnom d'*El-K'ahina*, c'est-à-dire la prophétesse. Elle gouverne ces tribus crédules par des incantations, et prétend connaitre l'avenir. Les incantations ne sont qu'une puérilité dont il serait facile de faire un très-mauvais usage; mais que te dirai-je de cette Débora? Certainement ni Cicéron ni Sénèque n'auraient ajouté foi à ses prédictions; mais César aurait pu y croire, et les évocateurs de l'école d'Alexandrie auraient entretenu ses illusions. Quant à moi, tu vas rire, mais je ne sais quel jugement porter. Le christianisme, dont je fais profession et auquel je crois, bien que ma vie, comme la tienne, ô sage Opimius, n'ait pas toujours été réglée par ses préceptes divins, le christianisme s'accorde mal avec la superstition, et pourtant j'ai vu des faits si extraordinaires que j'en demeure confondu ; quoi qu'en disent nos philosophes, on ne peut pas tout expliquer. Mais ce que j'affirme avec une invincible conviction, c'est que cette femme sublime a reçu des facultés dont je ne crois pas qu'aucun autre ait été doué.

» Et d'abord, parlons de son extérieur. Son regard est une puissance, son geste une domination, sa voix un organe céleste, sa démarche le vol d'un ange dans une gloire! Parle-t-elle? Toutes les oreilles sont attentives ; ordonne-t-elle? tous les bras sont levés ; souffre-t-elle? tous les yeux pleurent. En un mot, si elle apparait dans les comices de son peuple, il n'y a plus qu'une âme qui anime tous ces corps. Ne t'étonne donc plus que ce peuple voie en elle ce que, d'après notre Tacite, les Germains croient des femmes : *qu'il y a en elle quelque chose de saint et de divin.*

» Je t'ai parlé d'elle, je vais maintenant te parler de moi. Je ne te cacherai pas que j'ai formé le dessein de l'épouser, mais elle paraît décidée à conserver sa liberté. Si j'en crois mes pressentiments, je vengerai la mort de son père, je délivrerai de ses ennemis le pays qu'elle gouverne ; alors il faudra bien qu'elle m'écoute ; la reconnaissance n'est ni sourde ni muette dans un cœur comme le sien. Qu'elle s'associe à mon existence, alors un grand avenir s'ouvre devant mes yeux. Il n'y a plus rien à tirer des cadavres romains ; mais un peuple encore dans la verdeur peut faire espérer la maturité. Tel est le cas des Berbères. Oh ! si leur reine consentait jamais à m'accepter pour époux, j'aurais bientôt partagé sa souveraineté, et jeté des semences de civilisation ! Mais si Dieu ne m'accorde pas cette belle destinée, alors, en supposant qu'il reste à l'empire un coin de terre assez étendu pour contenir quelques légions, j'irai fuyant les émanations fétides de la dissolution romaine et la méprisable atonie de la cour de Byzance, j'irai finir mes tristes jours au milieu des soldats, et là peut-être trouverai-je encore des cœurs battant plutôt pour la gloire que pour l'argent.

» Je n'ignore pas que le toxique universel a pénétré jusque dans les entrailles de l'armée ; mais je porte en moi-même le contre-poison que chaque jour j'administre à mes légions. Opimius, tu le sais comme moi, quand les troupes se démoralisent, c'est la faute des généraux.

» Et toi, mon pauvre ami, toi préfet du prétoire, tu te débats encore dans le cloaque infect où te voilà embourbé ! Tu prêtes une oreille attentive à cette vibration expirée dans la tempête, et qu'on appelle le passé ; or, de cette région-là, on n'entend surgir aucune parole de vie. Autour de la Rome des Scipions que tu espères voir renaître, s'est fait un silence éternel ! Opimius, quand une chose a fait son temps, elle ne reparait plus en ce monde.

» Alors il faut bien qu'un monde nouveau se fasse, et ce monde nouveau, je le vois sortir de l'Evangile. Je vois le paroxysme contagieux de la décadence s'étendre aux quatre points cardinaux ! Mais si invétéré qu'il soit, il est bientôt guéri le mal que la main du Christ a touché ! Au milieu de ces populations gangrenées, il y a dans Rome une piscine salutaire qui fut longtemps cachée dans les catacombes, et qui maintenant laisse jaillir ses eaux vives au grand jour. Il m'est démontré que de cette source féconde doivent sortir le développement et le gouvernement futurs des intelligences.

» Porte-toi bien, mon ami ; si tu ne reçois plus de lettre de moi, mon silence te sera facilement expliqué. »

Le jour fixé pour l'entrée en campagne étant arrivé, Flavius détermina l'ordre de marche.

En tête de l'avant-garde que précédaient un grand nombre d'éclaireurs, marchait un détachement de cavalerie Berbère, brave troupe, mais qui le cédait, comme cela s'explique, à l'infanterie de ces montagnards accoutumés à combattre à pied par les escarpements abrupts que sans peine ils gravissaient. Venaient ensuite deux turmes appartenant à la cavalerie légionnaire, puis le gros corps de bataille, où les cohortes et l'infanterie Berbère étaient entremêlées afin que, selon l'occurrence, la solidité des unes et la légèreté des autres répondissent à la nature des lieux et aux chances diverses des combats.

L'arrière-garde était fermée par deux turmes de la cavalerie légionnaire. Suivant la nature des lieux, la colonne était flanquée tantôt par des troupes légères à pied, et tantôt par des cavaliers numides restés fidèles aux Romains.

El-K'ahina marchait au centre de la colonne, assise dans un palanquin, dont les rideaux étaient entr'ouverts. Flavius, à cheval, marchait près d'elle.

— Nous allons venger ton père, lui dit-il d'un ton animé.

— Dieu te récompensera, répondit-elle.

— Je ne m'élève pas si haut pour chercher ma récompense, répliqua-t-il ; elle est encore sur la terre..... et près de moi.

Elle s'écria avec dédain :

— Rien de la terre ne peut s'appeler récompense !

Flavius jugea qu'il n'était pas encore temps de se déclarer.

La colonne expéditionnaire s'était dirigée vers l'est ; elle avait eu à gravir des montées ardues, à descendre des pentes rapides. Fortement accidenté, le terrain, coupé tantôt de bouquets de bois, tantôt de cultures, n'était accessible que par des sentiers couverts de pierres roulantes qui déchiraient les pieds des soldats. Les chevaux, en foulant le sol éboulé du versant des monts, avaient seuls frayé des chemins trompeurs, sur ces hauteurs privées de communication; quelques-uns de ces chevaux, roulant avec leurs cavaliers dans les précipices, n'avaient pas reparu.

On sortait d'un défilé montueux, débouchant sur un plateau couvert de palmiers nains, environné de fourrés impénétrables; les trompettes et les clairons venaient de sonner la halte lorsque de toutes parts les éclaireurs vinrent annoncer qu'au travers des forêts qui couvraient les sommités voisines, on voyait une cavalerie innombrable lancée à fond de train sur les revers périlleux. Descendre ou gravir, rien ne faisait obstacle aux coursiers de l'Yémen.

Quoique flanquée de taillis, la position occupée par les Berbères était mauvaise parce qu'en décrivant un assez long circuit, on pouvait la tourner et la prendre à revers. Déjà l'on entendait se rapprocher le cri de *Sidi Mohammed ressoul Allah!* Soudain apparaît El-K'ahina, debout dans son palanquin découvert, tout illuminée de son excitation mentale. Flottant au vent, son burnous laisse entrevoir sa robe de pourpre sur laquelle une noire broderie se dessine en caractères cabalistiques. De sa voix de combat, elle appelle aux armes! Ses Berbères ont répondu, et les montagnes ont parlé.

Pendant ce temps, Flavius, avec un sang-froid imperturbable, rangeait ses troupes en bataille. Selon la tactique romaine, il déploie sur les trois lignes habituelles autant de cohortes que le plateau en peut contenir. Dans les intervalles, il place des détachements de Berbères et derrière eux les Numides et la cavalerie des légions. Il garde fortement ses derrières, la configuration du terrain, lui révélant le point qui peut livrer à l'ennemi la clé de la position.

Mais quels cris, quel tumulte, quel bruit d'armes, quel mugissement rend la terre sous les pieds des chevaux!... Déjà les Arabes ont envahi le plateau; El-K'ahina fait conduire son chameau au plus fort de la mêlée. Sur la tête des combattants, elle étend sa verge d'or, cette baguette magique sur laquelle la crédulité a raconté tant de merveilles, par exemple qu'en éprouvant son influence chaque homme sent décupler ses forces et son courage, et que la nuit on voit sortir de la baguette une multitude d'étincelles, et parfois des rayons de lumière qui éclairent les soldats en aveuglant l'ennemi.

Flavius a lancé contre les Arabes la cavalerie romaine, mais elle est ramenée; à l'aspect des Numides, qui chargent à leur tour, les Agaréens tournent bride et descendent le versant, mais par un retour offensif, ils reparaissent sur le plateau; les Numides tiennent ferme; et des deux côtés, l'on combat corps à corps; alors Flavius fait sortir par les intervalles des cohortes les détachements Berbères par lui réservés à dessein; les intrépides montagnards prennent leur course, se glissent dans la mêlée, et saisissant les Arabes par la jambe les jettent en bas de leurs chevaux. Mais voilà que les cavaliers de l'Yémen arrivent au secours de leurs frères; ils sont suivis de ceux d'Aden et de Kobaïl. Aussitôt Flavius fait sonner le ralliement des Berbères sur le corps de bataille. Arrive le moment critique. Des vociférations formidables se font entendre sur le plateau pris à revers. Imitant une manœuvre de César[1], Flavius dédouble les cohortes pour les ranger sur deux fronts et répondre aux deux attaques. Mais ces nuées de cavaliers ennemis ont entendu les cris des nouveaux arrivants. Des deux côtés, ils s'encouragent en invoquant leur prophète à haute voix. Tous les échos répètent : *Sidi Mohammed ressoul Allah !*

(1) Dans sa bataille contre Labiénus en Afrique.

C'est le moment suprême. Toute la cavalerie ennemie s'élance. Elle fond sur les cohortes, comme les avalanches qui tombent des sommets de l'Atlas. Rangés en cercle, les Romains jettent un cri et de leur glaive frappent leurs boucliers ; effrayés, les chevaux arabes se retournent en désordre, mais bientôt ralliés, ils reviennent plus ardents au combat. Leur ardeur cause leur perte. Emportés par leurs chevaux que l'éperon aiguillonne, ils atteignent les rangs condensés des cohortes ; mais c'est un mur de fer qu'ils rencontrent : ils s'y brisent comme un verre lancé contre un rocher par un bras vigoureux, ou comme un vaisseau que la tempête a poussé sur un écueil. Alors, ils prennent la fuite, et leur fuite est devenue déroute. Les feuilles séchées, roulées par un tourbillon, ne s'entassent pas sur les routes avec plus de désordre et de confusion. Cependant tout n'est pas dit encore. La plupart des malheureux vaincus, atteints par la cavalerie romaine qui d'abord avait plié, tombent sous les coups de leurs adversaires irrités de leurs premiers désavantages.

Il paraît que Zohaïr-ben-Kaïs qui commandait l'armée du Kalife fut trouvé parmi les morts. Mohammed-el-Raïn-el-Kaïrouani, pour atténuer l'éclat de la victoire remportée par les chrétiens, dépeint le général musulman comme un homme trop pieux pour faire la guerre, comme si le culte du sabre n'était pas consacré par la religion de Mahomet.

Après cette bataille, une des plus sanglantes que les Musulmans aient perdues, Flavius se hâta de rejoindre El-K'ahina qui lui dit :

— Romain, tu as dignement vengé mon père. C'en est assez, je te remercie.

— Pour mériter l'unique récompense dont je t'ai parlé, répondit-il, il faut que je le venge encore.

Alors, tournant vers lui un regard que nulle expression ne pourrait rendre, elle lui dit d'une voix émue :

— Sois brave, mais non téméraire ; mon père est vengé.

— Il ne l'est pas, s'écria-t-il, puisque je ne reçois pas la récompense que tu m'as annoncée!

— Elle n'est que différée, dit-elle.

Puis elle alla chercher un repos dont elle ressentait le plus grand besoin.

Ces paroles à double sens que Flavius avait interprétées en sa faveur changèrent ses craintes en espérances et stimulèrent de nouveau son ardeur belliqueuse. Il jugea d'ailleurs que si les autres généraux romains étaient animés du même patriotisme que lui, l'Afrique serait encore longtemps conservée à l'empire.

Cette victoire fut suivie de plusieurs autres non moins importantes, dont les auteurs arabes se sont bien gardés de parler. Si comme sous le règne du peuple-roi le titre d'*imperator*, réservé depuis au pouvoir impérial, eût été à la disposition des soldats, les légions de Flavius le lui eussent conféré d'un commun accord. Mais c'était du côté d'El-K'ahina qu'en ce moment il tournait toutes ses pensées.

Cependant une nouvelle importante faisait sensation dans l'empire; le Kalife Othman était mort, et la victoire qui, dans les premières années de son pouvoir, avait suivi tous ses pas, l'avait abandonné vers la fin de sa vie. Les choses en étaient venues au point que Flavius et la reine des Aurès ne projetaient rien moins que de marcher sur Kaïrouan, cette ville fondée par Okba-ben-Nafi, et dont il avait fait le boulevard de la domination arabe dans le Moreb.

Ab-del-Maleck, successeur d'Othman, jura d'en finir avec El-K'ahina et avec son protecteur Flavius. Tout ce qui habitait Damas l'environnait, le pressait de tourner ses regards du côté de l'Afrique. Les successeurs du prophète, lui disait-on, ne doivent pas tolérer une plus longue résistance. Alors arriva à Damas la nouvelle de la grande victoire remportée par les guerriers Berbères et les légions romaines, sous le commandement combiné d'El-K'ahina et de Flavius. L'irritation qu'éprouvait Ab-del-Maleck s'aigrit encore par la douleur qu'il ressentit en apprenant cette dernière défaite de l'armée musulmane. Hacen-ben-Noman, surnommé le Gassanide, reçut l'ordre d'entrer dans le Moreb à la tête de quarante mille hommes. Jamais les descendants d'Ismaël n'y avaient déployé une force aussi importante. Hacen marche droit sur Carthage, l'investit, coupe les aqueducs et emporte la place. Le reste de la province subit le sort de la capitale : l'empire gréco-romain n'y possède plus que la ville d'Hippone. Hacen, apprenant qu'un nombreux détachement romain se trouvait à Barka, s'y porte avec une activité prodigieuse. Il paraît, il met en fuite les légions dégénérées, puis il retourne à Kaïrouan.

VII. — EXPLOIT GLORIEUX.

Quelque désastreuses que fussent ces nouvelles, El-K'ahina et Flavius les apprirent sans se décourager. Celle-ci comptait sur ses incantations, celui-là sur sa science de la guerre et sur le courage de ses légions. Tout à coup, au moment où ils combinaient ensemble le plan de la nouvelle campagne, frappés d'un coup inattendu, ils sont plongés dans la consternation. Une intrigue, de la sorte de celle que la calomnie avait jadis lâchement ourdie contre le grand Bélisaire, venait d'enlacer dans ses réseaux perfides Flavius à son tour. Ses envieux n'avaient pas manqué de le présenter à la cour de Byzance comme un ambitieux que l'amour du pouvoir poussait à la trahison. On prétendait que la reine des Monts Aurès, pour l'engager à faire alliance avec elle contre les Romains, lui avait proposé le partage de son autorité, et qu'il avait accepté. Un courrier venait de lui apporter l'ordre de remettre son commandement entre les mains d'un successeur qui devait arriver le jour même, et puis de se rendre sans retard à Byzance pour y rendre compte de sa conduite.

La désolation d'El-K'ahina fut grande. Elle allait perdre un allié, un ami, un frère ; elle n'avait plus que ses incantations pour conjurer sa destinée. Pour Flavius, il avait, le malheureux, à subir une variété de tortures: l'amer chagrin de quitter ses légions, de voir l'édifice romain s'écrouler de jour en jour et de n'en pouvoir arrêter la chute, d'avoir à rougir des misères de la cour de Byzance et d'être victime de son insouciance et de son aveuglement, tout cela était pour lui autant de supplices ; mais tout cela venait se fondre et s'effacer dans la douleur d'être contraint de quitter El-K'ahina.

— Que faire, lui dit-il, te quitter? je ne le puis; manquer à mon devoir, trahir mon pays? Ah! je ne le puis davantage.

— Suis ton devoir, lui dit-elle d'un ton d'autorité. Tu as reçu l'ordre, pars.

En achevant ces mots, sa voix s'altéra.

— Laisse-moi me réfugier parmi tes Berbères. Je ne suis plus romain! Que l'empereur fulmine contre moi, je me ris de son courroux. Achève d'être chrétienne, laisse-là ta magie, viens à l'autel et accepte ma main.

— Ne permets pas aux fruits amers de la terre d'exil d'étouffer en toi les fleurs du Paradis! Quant à ta proposition, écoute...

Ici, elle fut interrompue. Le *legatus* de la deuxième légion de Flavius vint l'avertir que son remplaçant était arrivé et qu'à son aspect les légions s'étaient mutinées, répudiaient son autorité, et même que la vie du nouvel arrivant était en danger. Prompt comme l'éclair, Flavius se hâta d'aller apaiser cette sédition. A son arrivée à Lambera, ce fut une acclamation générale ; il fut porté aux nues; les soldats s'écrièrent qu'ils ne serviraient jamais sous un autre chef, et que si on les contraignait d'accepter celui qui avait osé se présenter devant eux, ils imiteraient plutôt ceux des Vandales qui jadis avaient été s'incorporer parmi les Berbères.

Flavius employa toute son éloquence pour apaiser les mutins, mais il ne put y parvenir. Ils ne rentrèrent dans le devoir que lorsque le remplaçant de Flavius eut de lui-même abandonné son commandement, et pris la fuite pour se mettre à l'abri de la fureur des soldats. Le moment était critique. Les légions de Lambera ne pouvaient rester sans commandement. Flavius écrivit à l'empereur que, vu l'urgence il conservait le sien provisoirement, et que d'ailleurs il demandait que sa conduite fût l'objet d'une enquête. Avant que sa lettre parvint à Constantinople et qu'il pût recevoir de nouveaux ordres, il avait le temps de sauver Lambera et les monts Aurès.

Hacen le Gassanide, ayant appris que toutes les populations berbères s'étaient de nouveau groupées autour d'El-K'ahina, jugea qu'il n'y avait pas un moment à perdre pour éteindre cet actif foyer de résistance. Il rassembla une forte colonne expéditionnaire et se dirigea à marche forcée vers les monts Aurès. D'après les ordres de El-K'ahina, ponctuellement exécutés, partout où son autorité était reconnue, les arbres sont coupés, les villes incendiées, les cultures dévastées; toutes les ressources profitables à l'ennemi enlevées.

Le moment était peut-être un des plus décisifs qui se fût présenté depuis l'invasion musulmane. Dans les deux camps, régnait une égale ardeur. Hacen le Gassanide, fier de ses premières victoires, surexcité par le fanatisme, le plus actif des stimulants, se voyait déjà vainqueur; il enflammait par les mêmes sentiments et la même attente l'imagination pleine d'orgueil de ses coreligionnaires; les chevaux mêmes semblaient répondre aux impressions passionnées, des cavaliers qui les montaient ; ils piaffaient, ils hennissaient, comme s'ils n'eussent pas déjà fait de longues marches, et n'y eussent pas joint la fatigue des combats.

De son côté, Flavius était travaillé par des ressentiments qui se changeaient en ardents mobiles ; il lui fallait une victoire pour faire ressortir au grand jour l'injustice dont il venait d'être l'objet. Seulement à le regarder, ses légions étaient électrisées ; dans tous les rangs, chacun ressentait l'impérieux besoin de venger l'honneur de son chef et d'ériger en triomphe l'outrage immérité.

Et voilà que les yeux se tournèrent vers un spectacle étrange. Sur une des terrasses de son château de Ledjem, El-K'ahina, plus orageuse que les nuées accumulées autour d'elle, singulièrement éclairée de feux mobiles et fantastiques au travers desquels se montrait son visage tantôt comme la lune pâle, tantôt comme le soleil éclatant, redoublait ses incantations ; elle opérait pour que les foudres de ses vengeances pussent atteindre les ennemis de Flavius, et délivrer les monts Aurès.

Enfin, arriva le jour attendu, jour désiré par le plus grand nombre, chez les Berbères comme chez les Romains. Du haut des montagnes on voyait les plaines se remplir d'une multitude de blancs burnous, flottant au gré des vents, se pressant les uns sur les autres. On eût dit les flots écumants d'une mer agitée. Les montagnes semblent vomir des combattants ; une agitation indicible règne dans les murs de Lambera : seuls, au milieu du trouble général, les soldats des légions revêtent leur cotte de guerre, courent aux armes avec calme, en silence.

Soit ardeur guerrière, soit calcul instantané que son imagination lui représente comme une inspiration prophétique, El-K'ahina, loin d'attendre l'ennemi dans une position défensive appuyée à son château de Ledjem, descend de la montagne et marche résolûment au-devant de Hacen. Elle est suivie de Flavius qui se place en réserve derrière elle. Hacen est d'abord ébranlé de cette brusque et impétueuse attaque; mais bientôt il retrouve son sang-froid habituel. Alors commence une lutte à outrance dans laquelle sont employés tous les simulacres de retraite et tous les retours offensifs usités parmi les Arabes et les Berbères, et qui pendant une partie de la journée coûtent du monde sans rien décider.

Enfin vient le tour des légions. Flavius avait laissé débarrasser l'échiquier afin de s'y mouvoir plus à l'aise. Il juge bien que tant que les Arabes verront les cohortes immobiles comme des remparts, ils ne viendront pas se heurter contre ces murailles. Il prend donc le parti de faire attaquer l'immense cavalerie arabe par son inébranlable infanterie. Il y avait dans les légions un certain nombre de chrétiens; chrétiens zélés, intrépides dans les combats, pleins de générosité, de charité après la victoire; ces hommes pieux ne pouvaient, sans que leur cœur se soulevât d'indignation, voir le labarum de Constantin s'abaisser devant le croissant des infidèles; ils jurent de plutôt mourir que d'entacher leur front de cette honte indélébile. L'ordre donné, ils se précipitent en avant, prennent le pas de course et s'élancent contre les chevaux lancés à fond.

Un feu électrique a couru dans toutes les cohortes qu'un tel héroïsme enflamme. Les Berbères ne pouvaient consentir à céder la palme aux Romains; ils les suivent de près. En même temps, la cavalerie légionnaire, qui pendant la journée avait été gardée en réserve, usant de la célérité conservée par ses chevaux frais, décrit un long circuit, prend à revers toute la cavalerie arabe fatiguée par les innombrables escarmouches qu'elle avait entamées ou subies depuis le lever du jour; harassée, cette troupe, ordinairement si mobile, s'était poussée en masse sur les piques des cohortes. Alors c'est de part et d'autre un horrible massacre; mais en fin de compte, l'armée musulmane est anéantie. Les échappés du glaive romain ont fui dans toutes les directions.

Découragé par un revers si complet, Hacen ne se crut en sûreté que quand, retiré au-delà des terres de Kabis, il se fut rapproché de Barka.

Alors Flavius crut pouvoir, sans imprudence, diviser ses troupes pour faciliter leur subsistance; il les établit dans des cantonnements fertiles, liés par des corps intermédiaires, et favorisés de communication assez faciles pour opérer une prompte concentration, dans le cas où l'ennemi sortirait de sa torpeur.

El-K'ahina, retirée dans son château de Ledjem, que les auteurs Arabes ont appelé une forteresse, et qui n'était probablement qu'une muraille crénelée, eut envie de le fortifier selon la méthode romaine. Flavius lui fit observer que ses remparts tels quels étaient suffisants contre la cavalerie arabe, mais comme elle insistait, il fit flanquer les fossés de quelques tours. Il profita de la durée des travaux, pour presser El-K'ahina de l'accepter pour époux.

— Je comprends ce qui vient du cœur, lui dit-elle; je veux bien que tu sois l'époux de mon âme; mais je ne conçois pas qu'on veuille descendre!

— Descendre! s'écria-t-il; comment descendre!

— Oui, répliqua-t-elle. Quand on forme un lien qui ne doit pas finir, comment consentir à retomber dans les choses passagères? Ce que j'aime de ta religion, c'est sa culture de l'âme, et son dédain pour les choses d'en bas. Toi chrétien, pourquoi ne l'es-tu qu'à moitié?

— Mais c'est ma religion elle-même qui consacre et bénit le lien que tu repousses avec une sorte d'horreur.

— Oui, dit-elle, elle le consacre, mais elle n'en fait pas une loi. Le prophète, qui accorde encore plus aux misères de la pauvre humanité, que Sidi Aïssa lui-même, le prophète honore la virginité. Je veux surtout être honorée!

—Tu ne sais pas de quels honneurs tu serais environnée,

si tu voulais bien ne pas rester sourde à mes supplications.

— Ecoute, je parle encore une fois, puis le silence fermera ma bouche à jamais. Si la voix de ma prière ne peut vaincre ton opiniâtreté, tu verseras sur moi la coupe des mortels ennuis.

— Je me tairai ! dit Flavius en étouffant un soupir.

— Au lieu de te perdre en paroles inutiles, reprit-elle, ne peux-tu répondre à un désir que je t'ai plus d'une fois exprimé? Elevée au milieu des Romains, je sais leur langue. Si tu me faisais connaître leurs poètes, et tous vos hommes devins qui ont écrit sous la dictée du génie?

— Tes moindres fantaisies seront pour moi des lois sacrées, répondit-il.

La proposition d'El-K'ahina, acceptée avec empressement, fit renaître l'espérance dans l'âme de Flavius. Au fait, il avait lieu de croire qu'à force de voir El-K'ahina, de se consacrer à satisfaire jusqu'à ses caprices, d'ouvrir son esprit aux jouissances des arts et de la poésie, il finirait par la décider à accepter sa main. Ne pouvait-il se flatter encore de tempérer, par la sagesse et la raison profonde des écrivains Grecs et Romains, les débordements de cette imagination orientale qui la dominait au point de lui faire croire à ses prophéties, et de la livrer aux chimères de ses incantations?

Il ne tarda pas à commencer l'espèce d'éducation qu'il s'agissait de donner à cette guerrière à demi-sauvage, à cette reine d'un peuple à peine débarrassé des langes de l'enfance que subissent les nations aussi bien que tout homme venant en ce monde.

Quoiqu'elle ne sût pas le grec, il commença par lui expliquer Homère, parce que placé sur les limites de deux mondes, le prince des poètes est un intermédiaire entre le génie oriental et le génie hellénique. Rapprochés des temps primitifs, ces chants de l'héroïsme naïf plurent infiniment à El-K'ahina qui crut trouver quelque ressemblance, et soupçonna une communauté d'origine entre ses Berbères et les vieux Troyens. Virgile, plus avancé dans une civilisation dont elle voyait autour d'elle la corruption, éveilla moins ses sympathies. Néanmoins, ce qui concernait la sybille de Cumes l'attacha d'une manière toute particulière. Mais ce qui étonna profondément Flavius, c'est que les malheurs de la grande reine de Carthage, sur lesquels il avait compté pour toucher le cœur qu'il avait tant d'intérêt d'attendrir, la touchèrent beaucoup moins qu'on n'aurait dû s'y attendre. Comme il en témoignait sa surprise, El-K'ahina lui dit :

— Didon était une misérable idolâtre; elle ne connaissait ni le grand prophète, ni le Christ divin ; aussi, on lui pardonne sa fin honteuse; si elle avait connu Dieu, elle n'aurait pas quitté la vie pour un mortel !

Flavius, choqué de l'association que El-K'ahina, dans son ignorance, voyait entre Mahomet et le Sauveur, allait lui répondre ; mais, se défiant de lui-même en pareille matière, il attendit l'instant où il rencontrerait un docteur plus compétent. En ce moment, l'Eglise d'Afrique ne voyait en elle rien de semblable à ces grandes lumières qui, les siècles précédents, l'avaient éclairée, ainsi que le reste du monde catholique; mais les écrits des Augustin, des Cyprien, des Lactance, des Athanase étaient répandus dans les écoles de théologie; et nécessairement, il devait se trouver quelque part un homme doué d'assez de science pour faire comprendre à El-K'ahina tout ce qu'il y avait d'étrange dans ses perpétuelles confusions.

VIII. — ESPÉRANCES.

En ce moment, l'espoir de rencontrer cet homme n'était en rien chimérique. Par suite de la grande victoire remportée par El-K'ahina et Flavius sur l'armée musulmane, le culte catholique était rétabli dans presque tout le Moreb. De toutes parts, les évêques rentraient dans leurs siéges, les prédications recommençaient, de nouvelles conversions étaient signalées. Depuis plus de deux années, Hacen le Gassanide, confiné dans le désert de Barka, et contenu par les détachements romains, n'osait en sortir.

La cour de Byzance, aussi prompte à concevoir de folles espérances dans les succès qu'à tomber au moindre revers dans un désespoir infructueux, croyait alors que l'Afrique était à jamais délivrée des Arabes. Comme à son ordinaire, elle en prenait sujet de ne se résoudre à aucun parti. Dès qu'elle avait été avertie de la grande victoire due à Flavius, elle l'avait laissé sans félicitations, sans nouveaux ordres, et s'était contentée d'ordonner des réjouissances publiques, et de faire chanter des *Te Deum* dans toutes les églises de la capitale. Il est vrai qu'en ce moment, Justinien II qui, après avoir été renversé du trône par ses sujets fatigués de sa tyrannie, avait été rétabli par le roi des Bulgares, prit des mesures pour conserver l'Afrique à l'empire et par conséquent pour la garantir des invasions des Arabes. A cet effet, Flavius fut nommé *Duc*, titre probablement venant du mot *dux*, et que Constantin affecta au guerrier chargé de la garde des frontières.

La nouvelle et importante fonction dont il fut chargé tira Flavius des loisirs qu'il goûtait dans l'intimité d'El-K'ahina et interrompit le cours des communications intellectuelles dont elle profitait d'une manière surprenante. Il allait résulter de ce prompt départ une séparation d'autant plus douloureuse qu'il croyait s'apercevoir d'un changement favorable chez la reine des Berbères. Au moment de partir pour aller lui porter l'annonce du coup qui venait de le frapper, il sentit son courage fléchir. En honneur, en conscience, il ne pouvait refuser la fonction dont il était chargé, et en l'acceptant, il devenait l'artisan de son propre malheur ! Après une lutte d'une assez longue durée, il se détermina pourtant, et, le cœur gonflé de regrets, il prit le chemin du château de Ledjem.

Au moment d'entrer, il lui fallut appeler à lui toutes les forces qu'il devait à la nature ainsi qu'à l'activité de sa vie. Le visage couvert d'une pâleur mortelle, la voix altérée, les genoux tremblants, il s'approcha d'El-K'ahina qui, dans ce moment, relisait certain passage d'un ouvrage qu'ils avaient admiré ensemble.

— Reine des Monts Aurès, lui dit-il, je suis le plus malheureux des mortels. Je viens te dire adieu !

— Quoi ! Tu veux me quitter ? s'écria-t-elle d'une voix émue. Ami, pourquoi ce mauvais dessein ?

— Hélas ! il faut obéir !... L'empereur me charge de la surveillance des frontières, et m'envoie l'ordre de partir sur-le-champ. Il faut que j'aille inspecter mes cantonnements et les frontières orientales de l'empire.

— Console-toi, répondit-elle avec empressement. Depuis longtemps, je me livre au projet d'achever la civilisation des Berbères. Déjà tu m'as fait connaître les lettres grecques et romaines ; je veux voir de près les institutions de ton pays, étudier surtout en détail l'organisation de te légions foudroyantes. Si tu veux m'escorter, je pars avec toi.

— Si je le veux ! s'écria Flavius au comble de la joie... Mais je suis trop heureux !

Et il fut obligé de s'appuyer sur le montant d'un palanquin, qui se trouvait près de lui.

— Retourne donc à Lambera, lui dit El-K'ahina. Attèle des ailes aux préparatifs de ton départ. Pour moi, je ne m'endormirai pas !

Il se hâta de répondre à cet empressement. La nuit était venue. A peine avait-il descendu la moitié du versant rapide qui conduisait de Ledjem dans la plaine que, tout à coup, il voit les montagnes s'éclairer au loin des feux annonçant des nouvelles pressées. Sur la pointe d'un rocher environné d'affreux précipices, apparaît au milieu de ces clartés vacillantes l'imposante El-K'ahina élevant sa verge d'or sur un objet que la distance empêche de distinguer, et se livrant, plus ardente que jamais, aux rites singuliers de ses incantations. Flavius détourne les yeux de ces pratiques ridicules, et se chagrine de ne pouvoir arracher aux rêves de son imagination cette femme douée d'un puissant génie.

Le jour fixé pour le départ s'étant levé, les Goums, plus nombreux que ces montagnards peu cavaliers n'en fournissent ordinairement, se pressent autour de la demeure de leur reine. Dans Lambera, les clairons des cohortes qui doivent marcher sonnent le rassemblement ; puis ces mêmes clairons, les buccins et les trompettes se rassemblent en toute hâte devant le quartier-général de Flavius pour lui rendre les honneurs dus à son nouveau rang. Chacune des légions, desquelles doit se tirer l'escorte du duc chargé de la surveillance des frontières, fournissant la moitié de sa cavalerie, élèvent les douze turmes au nombre de six cents chevaux.

Bientôt des exclamations réitérées retentissent dans les montagnes, et d'échos en échos se répètent affaiblies jusque dans la plaine. C'est El-K'ahina qui se met en marche. Une population immense se groupe autour d'elle. Une suite de palanquins, cachant les femmes des principaux chefs des goums, suit le sien dont la richesse est éblouissante. Deux éléphants, portant chacun une tour remplie d'hommes armés de traits, précèdent la reine. Deux coursiers, montant des chevaux aussi rapides qu'infatigables, sont partis devant elle; ils portent aux tribus qui lui sont soumises l'ordre de préparer une abondance de vivres pour elle et pour sa suite, ainsi que pour le duc surveillant des frontières, et les hommes de haut rang dont il est accompagné.

Pendant qu'El-K'ahina descendait les montagnes, les cohortes étaient sorties de Lambera. Dès qu'elles aperçurent les Berbères et l'immense cortége, les clairons sonnèrent l'ordonnance qui, dans les anciens temps, avait été réservée pour les honneurs rendus aux rois reconnus amis et alliés du peuple romain. A la vue des cohortes, les Berbères les saluèrent de leurs cris. Emues de ce grand spectacle, toutes les populations voisines étaient en fête.

Comme on était en pleine paix, les cohortes gardèrent le pas de route habituel. Ennuyé de maintenir son cheval au train de l'infanterie, et se sentant d'ailleurs poussé vivement à la tête du cortége, Flavius, escorté seulement d'une vingtaine de cavaliers, eut bientôt rejoint le palanquin de la reine. Dès que celle-ci fut avertie de sa présence, elle fit ouvrir les rideaux, et avançant la tête en dehors, elle adressa un geste bienveillant à Flavius.

Tout trahissait en elle des agitations intérieures, qu'au surplus elle ne cherchait point à dissimuler. De ses yeux jaillissaient des rayons qui lui donnaient une expression indéfinissable; ses gestes singuliers, multipliés, bizarres même annonçaient qu'elle était devenue la proie d'une exaltation qu'elle ne pouvait plus maîtriser. Saisissant sa verge d'or, elle la tourne vers Flavius et lui dit:

— Ne crois pas que je te reçoive sous les tentes grossières où campent les descendants de l'esclave chassée. Nous habiterons des palais de lumière; nous allons voyager dans la sérénité du ciel.

— Je le crois sans peine, répondit-il sans faire attention

à ce qu'offraient d'énigmatiques les paroles qu'il venait d'entendre.

— Ce que tu dis manque de bon sens, répliqua-t-elle avec autant de sang-froid qu'elle venait de montrer d'animation. Nous pouvons atteindre le ciel avec le secours du prophète et du fils de Mirian; mais nul être humain n'est le ciel.

Flavius attendait toujours la rencontre d'un docteur mieux instruit que lui pour faire sentir à El-K'ahina toute l'étendue de son erreur. Durant la journée, la reine des Monts Aurès demeura dans un grand accablement. Le Romain craignit le retour de ce qu'il appelait ses délires soit-disant prophétiques; mais le lendemain El-K'ahina parut tout à fait calmée, et son style figuré ne revint point envelopper d'obscurité les entretiens qu'elle eut avec Flavius.

La colonne fut d'abord dirigée sur Tabuna, aujourd'hui Tabna, ville couverte alors de monuments dont les débris épars entretiennent aujourd'hui les interminables disputes des archéologues. En se représentant cette multitude de monuments qui nourrirent l'orgueil de leurs anciens maîtres et dont les ruines donnent aujourd'hui des leçons d'humilité et de véritable philosophie à leurs nouveaux possesseurs, Flavius, ravi de trouver l'occasion de rendre El-K'ahina attentive à ces magnifiques témoignages de l'ancienne grandeur de sa patrie, lui dit d'un ton animé :

— Toutes ces villes qui vont te frapper d'admiration par la force de leurs remparts et par la magnificence de leurs édifices, te diront du reste que Rome, cet immense épanouissement de l'humanité, était faite pour soumettre le monde !

— Ses faisceaux ne se sont pas montrés sur tous les pics des monts Aurès, répondit El-K'ahina froissée dans son amour-propre national. D'ailleurs, qu'est-elle aujourd'hui, cette Rome dont l'orgueil a fatigué le Ciel? Chaque jour, malgré notre grande victoire, chaque jour vient déchirer un nouveau lambeau de l'empire.

Flavius répondit avec fierté:

— C'est devant la croix et non sous le fer des Barbares que Rome fléchit: il a fallu Dieu pour la vaincre.

Ces dernières paroles produisirent sur El-K'ahina une impression qui fut suivie d'une méditation profonde.

Elle regarda assez froidement le temple de Théveste, aujourd'hui Tebessa, et ne parut pas très-enthousiasmée de l'élégance des proportions que nous admirions dans cet édifice en 1842.

Comme Flavius lui en faisait un sujet de reproche, elle s'en excusa par ces paroles:

— Tout cela n'est que du beau périssable, de la fumée rendue solide pour un instant. Le vrai beau n'éclate que dans ces merveilles qui ravirent les yeux du prophète dans son ascension au ciel, et l'esprit du grand apôtre Paul qui demeura tellement ébloui qu'il ne put que dire: l'œil n'a point vu, l'oreille n'a point entendu.

Flavius répondit avec chaleur.

— O Reine! voilà plusieurs fois que tu associes le Sauveur du monde et ton faux prophète! C'est une incohérence qu'il te sera facile de comprendre. Rien dans ta nature intellectuelle et morale ne répond à la religion musulmane. Par l'esprit et par le cœur tu es chrétienne, et chrétienne sublime. Qu'un docteur se trouve sur notre chemin, et ton erreur te sera bientôt dissipée. Il ne s'agit que de te faire distinguer les fausses traditions de la véritable.

Elle répondit:

— Qu'un docteur m'explique tes croyances exclusives, et si cette exclusion vient de Dieu, elle frappera mon esprit.

— La vérité est une, répliqua Flavius. Une fausse opération de notre intelligence la fractionne, mais elle reste une et immuable.

El-K'ahina réfléchit.

L'inspection des frontières continua. Le Romain essaya de nouveau de faire sentir à la reine des Berbères les jouissances qu'une belle architecture fait éprouver aux yeux exercés ; mais à l'aspect des nombreuses et magnifiques constructions sur lesquelles son attention fut appelée, un sentiment unique la saisit : une grande tristesse.

Ni la hauteur extraordinaire des remparts de Feffech, ni les monuments d'Utique, aujourd'hui *Bézite*, ni ceux de Carthage, ni ceux de Thapsus, aujourd'hui *E-Jemme*, ne furent salués par d'autres mots que ceux-ci :

— Il n'en restera pas pierre sur pierre !

Quand elle avait ainsi parlé, un voile sombre tombait sur ses traits altérés.

— Pourquoi, lui disait alors Flavius, pourquoi employer cette incroyable puissance d'imagination à remplir d'une amère liqueur la coupe des pressentiments sinistres ?

— Ecoute, lui dit-elle un jour. Rappelle à ta mémoire cette Cassandre dont parle ton Virgile. Elle ne peut mourir, cette prophétesse de malheurs. Elle passe d'âme en âme. Eh bien ! moi, je suis Cassandre.

Flavius ne put que déplorer l'opiniâtreté de toutes ces chimères.

Avant de retourner sur ses pas, le duc surveillant des frontières visita dans le plus grand détail le champ de cette énigmatique bataille de Thapsus que César gagna, ou laissa gagner, selon d'autres. Puis, saisi d'une plus vive sympathie à l'aspect des vestiges du camp qu'établit le premier Scipion près de Carthage, et qui fut depuis occupé par Métellus Scipion, ce dernier défenseur du vieux parti de Pompée, Flavius exprima par la bouche de Lucain le sentiment dont il était oppressé : « Voilà que nous contemplons les traces de l'ancien rempart ! Avant nous ces champs furent illustrés par une victoire des Romains ! »

IX. — CONCLUSION.

Ce qu'il venait de voir dans sa tournée n'était pas de nature à tempérer la douleur d'assister à la décadence de sa patrie, en présence de ces pierres, si je l'ose dire, parlantes qui l'entretenait des plus beaux temps de Rome. Dispersées dans les cantonnements tout le long de la frontière, les troupes offraient un triste spectacle : nul sentiment des devoirs militaires, nul respect pour la discipline ; un débordement scandaleux des plus mauvaises passions, dont les chrétiens donnaient eux-mêmes l'exemple.

Chez les Berbères, l'état moral n'était pas plus satisfaisant ; les goums qui, au moment du départ, s'étaient pressés autour de leur reine s'éclaircissaient tous les jours ; un grand nombre de ces montagnards embrassaient l'islamisme, et tout sentiment de patriotisme s'éteignait chez ces renégats. Ils n'avaient même plus de foi dans l'habileté d'El-K'ahina pour la magie, et c'était inutilement que, malgré Flavius, elle redoublait ses incantations.

Un événement inattendu mit le comble à tous ces malheurs. Le Kalife Ab-del-Malek venait de monter sur le trône ; l'état dans lequel on lui dépeignit le Moreb lui causa une vive douleur. Il conçut une irritation inexprimable contre Hacen le Gassanide, qui depuis sa défaite, c'est-à-dire depuis plusieurs années caché dans une retraite inabordable du désert de Barka n'osait sortir de ce lieu appelé le *Ksour d'Hacen*. Irrité de ce que les conquêtes d'Aber-Bekr, de Bou-Saad, d'Okba-ben-Nafi se trouvaient annulées en Afrique par l'influence d'El-K'ahina et de Flavius, il jura de ne prendre aucun instant de repos tant qu'il ne serait pas délivré de ces ennemis dangereux. Il écrit à tous ses généraux pour stimuler leur zèle ; il écrit surtout à Hacen le Gassanide, le menace de la malédiction du prophète, de l'enfer même dont il lui ouvrira la porte, s'il ne reprend dans le plus bref délai possible tout le pays qu'il a perdu. Puis il lui envoie de nombreux renforts.

Hacen, sans perdre un instant, se met à la tête de ses troupes. Il exalte leur fanatisme, il excite leur cupidité, il les glace de terreur en les menaçant de la colère du Kalife; puis, à marches forcées, il se dirige vers les monts Aurès.

Flavius n'a que le temps de retirer tous les cantonnements et de concentrer ses troupes. Sa marche rétrograde n'est pas moins prompte que l'offensive de Hacen. El-K'ahina déploie autant d'activité que le général romain. Averti qu'il va se trouver en présence de l'ennemi, celui-ci prend entre Lambera et les Monts Aurès une position que les historiens n'ont pas fait connaître. Il voit avec la douleur que la désertion a considérablement diminué ses forces, et que les Berbères qui, naguères, avaient entouré leur reine avec tant de signes d'amour l'ont en partie abandonnée. Le soleil se lève. L'ennemi, confiant dans son nombre double de celui des chrétiens, présente un front de bataille dont l'œil ne peut apprécier l'étendue.

— Quel est ton dessein? dit alors Flavius à El-K'ahina.

— Combattre tant que j'aurai un souffle de vie, répond-elle.

— Une Romaine n'aurait pas mieux parlé! dit Flavius.

— Et toi, que vas-tu faire? demande-t-elle à son tour.

— Marcher sans retard à l'ennemi.

— Va! un Berbère n'agirait pas mieux, réplique-t-elle.

Flavius, jugeant que, dans sa position, le meilleur parti est de payer d'audace, tombe, comme un aérolithe, sur le centre de l'ennemi, et coupe en deux son ordre de bataille. Mais l'ennemi a bientôt réparé ce terrible échec. De son côté, El-K'ahina commence par des succès sur l'aile gauche des Arabes; mais son centre enfoncé l'oblige à se replier.

Pendant tout le jour, la victoire est ainsi disputée; le carnage est égal sur tous les points. Mais, vers le soir, Hacen recevant de nouveaux renforts, la résistance est inutile. Les Berbères s'enfuient vers leurs montagnes; les Romains dans toutes les directions. Cependant, deux intrépides cohortes ont environné Flavius, et jurent de tenir ferme jusqu'à ce que leur général, que El-K'ahina rejoint en ce moment, ait mis ses jours en sûreté. La cavalerie légionnaire leur fournit vingt-cinq hommes déterminés, qui jurent de périr avec eux plutôt que de les abandonner.

Ainsi finit cette lutte terrible, dont l'auteur Arabe peint l'opiniâtreté en ces termes : *On eût pu croire que la mort allait faucher tous les combattants.*

El-K'ahina, qui connaissait les montagnes dans le plus grand détail, détermina la route à travers des défilés inaccessibles à l'ennemi; Hacen la fit poursuivre dans toutes les directions, et se mit lui-même à sa recherche.

Pendant plusieurs jours, les deux fugitifs menèrent une vie d'aventures romanesques. Fuyant sur les crêtes inaccessibles, quand le soleil était sur l'horizon, la nuit se confiant à des tribus ignorées qui leur offraient l'hospitalité, ils ne coururent aucun danger; mais cette vie ne pouvait durer. Les cavaliers romains demandaient à se diriger vers Russicada. Flavius, seul en ce moment avec El-K'ahina, lui dit:

— Tu le vois, il faut prendre un parti. Le sceptre est tombé de tes mains; je ne puis aller braver la colère de l'empereur qui, malgré nos efforts, et, j'ose dire notre courage, ne me pardonnera jamais cette défaite. Allons cacher nos infortunes dans une même retraite entièremen inconnue, mais pour cela unissons nos destinées, selon les rites de ma religion. Tu le vois, il serait insensé de ne pas répondre à mes vœux.

— Ecoute-moi, dit-elle alors: si je le pouvais, malgré

certaines répugnances que j'aurais beaucoup de peine à vaincre, je n'hésiterais pas à accepter ta main; mais conçois bien toute la portée de ce que je vais te confier. Couchée dans un gourbi dont l'ouverture me laissait entrevoir de sombres nuages que le vent faisait courir sur le disque de la lune, je ne pouvais dormir; la nuit se fit tout à coup. Mais peu de temps après, je fus environnée d'une lumière qui remplit toute ma demeure. Cette lumière, plus je la contemplais, plus elle fortifiait mes yeux. Bientôt je crus sentir qu'il en sortait une douce chaleur, et cette chaleur délectable descendit au fond de mon cœur. Je ne puis dire ce que j'éprouvais alors. Mais bientôt, ah! quelle parole viendra à mon aide?... Parole humaine, que tu es misérable! bientôt de cette lumière je vis..... oui, je vis distinctement sortir un visage comme jamais n'en vit la terre. Et ce qu'il y avait de singulier, c'était ce visage qui lui-même était la source de cette lumière. L'envoyé du ciel ne parlait pas, mais de ses yeux sortaient des flots d'encouragement, mais de sa bouche s'exhalaient des parfums de consolation. Fléchissant sous le poids d'un bonheur inconnu jusqu'alors, j'osai lui dire: Qui es-tu, toi qui agis avec toutes les forces du Ciel? Serais-tu *Miriam*, la Vierge divine? Parle, parle, es-tu Miriam? Je n'entendis d'abord aucune réponse; mais bientôt, à un geste d'acquiescement, se joignit une voix, si cela peut s'appeler une voix, dont rien sur la terre ne saurait donner l'idée. J'entendis cette voix divine m'appeler ma sœur!... Puis tout disparut. Tu le vois, la sœur de Miriam ne doit appartenir à aucun homme!

— Marie, répondit Flavius, n'a de sœur ni sur la terre ni dans le ciel; mais tu peux être sa servante.

— Oui, sa servante! s'écria-t-elle avec enthousiasme.

Le lendemain, ils se remirent en marche. La chaleur était étouffante, et les bois éclaircis ne les abritaient que faiblement des traits brûlants d'un soleil caniculaire. Bientôt le pays se découvrit; c'était un grand danger pour eux. Cependant un cours d'eau se présentant devant eux, ils se trouvèrent contraints de s'arrêter pour étancher une soif irrésistible.

Quand cette soif fut apaisée, Flavius recueillit de cette eau salutaire dans le creux de sa main, puis la versant sur la tête de la reine détrônée, qui la reçut avec foi, il prononça les paroles qui relèvent l'homme de la déchéance qu'il apporte en naissant.

Le Tasse qui sans doute s'était informé des traditions orientales, a peut-être tiré de celle qui concerne El-K'ahina la magnifique scène où Tancrède, après avoir tranché la vie mortelle de la magnanime Clorinde, lui ouvre la vie éternelle.

Les fugitifs venaient de se remettre en marche lorsque, tout à coup, de nombreux cavaliers remplissent le petit plateau en jetant de grands cris. Ils se précipitent comme la foudre, sur la proie qu'ils cherchaient. A leur tête paraît le terrible Gassanide; la colère est dans ses yeux, la menace sort de ses lèvres. Les cavaliers romains, voyant qu'ils ne pourront résister au nombre, prennent la fuite. Flavius se place devant El-K'ahina pour essayer de la défendre; mais il tombe à ses pieds, percé de mille traits. Alors Hacen, poussant son cheval, rejoint l'ancienne reine des Monts Aurès et lui perce le cœur.

La tête de la malheureuse héroïne fut coupée, disent les auteurs Arabes, et envoyée au khalife Ab-del-Maleck qui la reçut avec la joie féroce que la vengeance inspire.

Débarrassé des Monts Aurès, Hacen marcha sur Constantine et s'en rendit maître; puis Mouça-Ben-Nozaïr son successeur porta le dernier coup à la puissance romaine en Afrique.

FIN.

TABLE.

REINE.

EL KAHINA.

Tournai, typ. H. Casterman.

COLLECTION A 1 FRANC.

1. Un Voyage de Noces, ou Luther et sa fiancée, par de Bolanden.
2. Le Chateau de Wildenborg, par de St-Genois.
3. Margherita Pusterla, par César Cantu.
4. Raynaldo et Sélima, par Mélanie Van Biervliet.
5. Robert, épisode de l'année 1848.
6. La Femme du Sous-Préfet, par la Bne de Chabannes.
7. Scènes villageoises par Cremer.
8. L'Esprit frappeur, par Brownson.
9. Le Chapelain de la Rovella, par G. Carcano.
10. L'Esclave, par la comtesse Drohojowska.
11. Sous le Chaume, par Mme la comtesse R. de la Tour du Pin.
12. Jean l'Ivoirier, par R. de Navery.
13. Philippe Raimbaut, par Roux-Ferrand.
14. Pauvre Jacques, par Mary.
15. L'Ambition de Tracy, par le vicomte de Maricourt.
16. Fanchonnette, par L. Pichard.
17. Janine, par Roux-Ferrand.
18. L'Esprit du Chateau de Xhènemont, par Christian.
19. Le Manuscrit du Vicaire, par J. de Tournefort.
20. Lucy. — Trèche, par Mme Marie Emery.
21. La Maison maudite, par C. Guenot.
22. La Famille Molandi, par le vicomte de la Morre.
23. Nouvelles historiques de l'ancienne Flandre, par E. de Borchgrave.
24. Les Empoisonneurs, par C. Guenot.
25. La Zingara calabraise, par le vicomte de Maricourt.
26. Deux Intérieurs, par la Bne de Chabannes.
27. Simples Récits, par Aymé Cécyl.
28. L'Anneau impérial, par Pierre Bion.
29. Luisa et Mercédès, par Escudero.
30. Six Nouvelles, par le comte César Balbo.
31. Les Chemins verts, par A. de Lasthénie.
32. La Ligne droite, par Urbain Didier.
33. Une Nuit en chemin de fer, par A. Desves.
34. Les Héritages, par Roux-Ferrand.
35. Gabrielle, par Pauline l'Olivier.
36. Roses et Soucis, par Mlle V. Nottret.
37. Un Mariage en 93, par Thil-Lorrain.
38. L'Enfant Prodigue, par Raoul de Navery.
39. Contes d'Automne, par Michel Auvray.
40. Florien ou l'enfant du siècle, par Michel.
41. Dans la Campine, par Aug. Sniedérs.
42. La Feuille de trèfle, par Alfred d'Aveline.
43. Les Jeunes filles, par Aymé Cécyl.
44. Trois mois au chateau, par Marie Emery.
45. Aux Champs, par Urbain Didier.
46. Blanche de Montlhéry, par C. Guenot.
47. La Fille de l'Amiral, par Sévestre.
48. Deux Ménages, par Roux-Ferrand.
49. Penserosa, par A. de Lasthénie.
50. Les Quatre Missions, par Mme la baronne A. Avignon de Norew.
51. Régine, ou la Perle des grèves, par H. du Castel.
52. Nélida, ou les Guerres canadiennes (1812-1814), par Thil-Lorrain.
53. Scènes et Récits, par l'auteur de Robert.
54. Les Gémeaux, par Amory de Langerack.
55. Le Roman d'une Cloche, par De Rouvaire.
56. Fulla l'Égyptienne, par Ch. Moreau.
57. Amour et Larmes, par Mary.
58. Une Saison a Spa, par Marie Emery.
59. Le Rocher de Sisyphe, par M. Auvray.
60. Napoléon Ier dans sa vie intime, par le Vicomte de Maricourt.
61. La Reine de Mai, par Ecrevisse.
62. Reine, par Madame la Comtesse R. de la Tour du Pin.

Cette Collection s'augmentera de volumes nouveaux.

www.ingramcontent.com/pod-product-compliance
Ingram Content Group UK Ltd.
Pitfield, Milton Keynes, MK11 3LW, UK
UKHW022056260726
13993UKWH00001B/148